# 社交礼仪

主　编　徐　明
副主编　汪爱民　钱拯宏
　　　　柏　英　陈志军

苏州大学出版社

### 图书在版编目(CIP)数据

社交礼仪/徐明主编. —苏州:苏州大学出版社,
2019.6(2025.1重印)
ISBN 978-7-5672-2794-1

Ⅰ.①社… Ⅱ.①徐… Ⅲ.①社交礼仪 Ⅳ.
①C912

中国版本图书馆 CIP 数据核字(2019)第 075809 号

---

### 社交礼仪

徐 明 主编

责任编辑 申小进

苏 州 大 学 出 版 社 出 版 发 行
(地址:苏州市十梓街1号 邮编:215006)
广东虎彩云印刷有限公司印装
(地址:东莞市虎门镇黄村社区厚虎路20号C幢一楼 邮编:523898)

开本 787mm×1 092mm 1/16 印张 10 字数 213 千
2019 年 6 月第 1 版 2025 年 1 月第 7 次印刷
ISBN 978-7-5672-2794-1 定价:35.00 元

苏州大学版图书若有印装错误,本社负责调换
苏州大学出版社营销部 电话:0512-67481020
苏州大学出版社网址 http://www.sudapress.com
苏州大学出版社邮箱 sdcbs@suda.edu.cn

# 前言 QIAN YAN

　　为深入贯彻《关于加强和改进中等职业学校学生思想道德教育的意见》精神，落实《中等职业学校德育大纲》教育要求，坚持以人为本，遵循学校德育工作规律和青少年成长规律，适应社会发展要求，不断提高德育工作的针对性、实效性和感染力，我们于 2013 年 9 月开展了德育教育序列化活动项目。

　　德育教育序列化活动项目重视德育过程的有效衔接、分层实施、循序渐进、整体推进，充分发挥学校在未成年人思想道德建设中的主渠道、主阵地、主课堂作用，切实提高学校思想道德教育的时代性、针对性、实效性，促进我校德育工作整体化、科学化、规范化建设，始终保持学校德育的生机与活力，全面提高学生素质，促进学生和谐成长和可持续发展。

　　《德育序列读本》将配合德育教育序列化活动项目的开展，适时编写相关主题的学生教材。本册《社交礼仪》教材按照江苏省文明委《关于在全省开展未成年人文明礼仪养成教育的意见》要求，突出仪表之礼、餐饮之礼、言谈之礼、待人之礼、行走之礼、观赏之礼、游览之礼、仪式之礼八大基本文明礼仪规范，同时，结合职业学校特点，增添了职场礼仪，引导学生学礼仪、知礼仪、行礼仪，努力成为文明有礼的新一代职校生。

　　由于编者水平有限，编写时间又比较仓促，书中难免有错漏之处，恳请各位读者斧正。

# 目录

| 第一章 | 社交礼仪概述 | 1 |
|---|---|---|
| 第二章 | 仪表之礼 | 8 |
| | 第一节　仪容礼仪 | 8 |
| | 第二节　仪态礼仪 | 18 |
| | 第三节　服饰礼仪 | 26 |
| 第三章 | 餐饮之礼 | 39 |
| | 第一节　餐饮基本礼仪 | 39 |
| | 第二节　中餐礼仪 | 42 |
| | 第三节　西餐礼仪 | 49 |
| 第四章 | 言谈之礼 | 59 |
| | 第一节　会面礼仪 | 59 |
| | 第二节　交谈礼仪 | 65 |
| | 第三节　电话礼仪 | 69 |
| 第五章 | 待人之礼 | 74 |
| | 第一节　家庭与待客礼仪 | 74 |
| | 第二节　拜访与馈赠礼仪 | 79 |
| | 第三节　师生交往礼仪 | 86 |
| 第六章 | 行走之礼 | 99 |
| | 第一节　行路礼仪 | 99 |
| | 第二节　乘车礼仪 | 104 |
| 第七章 | 观赏之礼 | 110 |
| | 第一节　影剧院礼仪 | 110 |

| | 第二节　观看比赛礼仪 | 112 |

## 第八章　游览之礼　114
第一节　游览礼仪　114
第二节　中外习俗礼仪　121
第三节　宗教礼仪　128

## 第九章　仪式之礼　131
第一节　入团、升旗礼仪　131
第二节　成人、毕业礼仪　133

## 第十章　职场之礼　136
第一节　学生顶岗实习礼仪　136
第二节　求职面试礼仪　138
第三节　公司礼仪　147

# 第一章　社交礼仪概述

> **学习目标**
>
> 了解社交礼仪的起源、概念、作用，认识到礼仪在生活中和工作中的重要性，激发学习社交礼仪的热情。

古人云："不学礼无以立"，"礼者，人道之极也"。中国素有"礼仪之邦"的美称，中国人也以其彬彬有礼的风貌而著称于世。礼仪在现代社会中越来越受到重视，识礼仪、讲礼仪是人类文明和社会进步的重要标志，是现代人应有的基本素质，也是社会交往、商务活动和其他各项事业成功的一个重要条件。

## 一、基本知识

### （一）礼仪的起源

1. 东方礼仪的起源

中华民族，素有"礼仪之邦"的美称。礼仪的形成和发展，经历了一个从无到有、从低级到高级、从零散到完整的渐进过程。在原始社会中晚期（约旧石器时期）出现了早期礼仪的萌芽。例如，生活在距今约1.8万年前的北京周口店山顶洞人，就已经知道打扮自己。他们用穿孔的兽齿、石珠作为装饰品，挂在脖子上；而他们在去世的族人身旁撒放赤铁矿粉，举行原始宗教仪式，这是迄今为止在中国发现的最早的葬仪。在其后数千年岁月里，原始礼仪渐具雏形。例如，在西安附近的半坡遗址中，

图1-1　中国古代的礼仪

人们发现了生活在距今约五千年前的半坡人的公共墓地。墓地中坑位排列有序，死者的身份有所区别，有带殉葬品的仰身葬，有无殉葬品的俯身葬，等等。此外，仰韶文化时期的其他考古遗址及有关资料表明，当时人们已经注意尊卑有序、男女有别。而长辈坐上席，晚辈坐下席；男子坐左边，女子坐右边等礼仪日趋明确。《周礼》是中国流传至今的第一部礼仪专著。春秋战国时期相继涌现出孔子、孟子、荀子等思想巨人，发展和革新了礼仪理论。孔子认为："不学礼，无以立。"（《论语·季氏篇》）"质胜文则野，文胜质则史。文质彬彬，然后君子。"（《论语·雍也篇》）他要求人们用道德规范约束自己的言行，要做到"非礼勿视，非礼勿听，非礼勿言，非礼勿动"（《论语·颜渊篇》）。孔子编订的《仪礼》，详细记录了战国以前贵族生活的各种礼节仪式。《仪礼》与前述《周礼》和孔门后学编的《礼记》，合称"三礼"，是中国古代最早、最重要的关于礼仪的著作。此后两千多年，礼仪经历了兴盛、衰落、退化、复兴等阶段，发展至今，已形成一套现代社会约定俗成、共同认可的行为方式（如图1-1）。上下五千年，从西周视礼为"国之大柄"，到现代的"五讲四美"，从荀子的"国无礼则不宁"，到今天的精神文明建设，礼仪一直是传统文化的核心，现今已成为人们为人处世的行为规范，甚至从某种意义来说，礼仪还成为维护社会秩序、共建和谐社会的途径之一。

2. 西方礼仪的起源

在西方，礼仪一词最早见于法语"etiquette"，原意是"法庭上的通行证"。后来这个词进入英文后，演变成"人际交往的通行证"，具有了现代礼仪的基本含义，即谦恭有礼的言谈举止、得体的教养和规矩、各种仪式和典礼等。

西方各国均十分重视礼仪。在中古和近代，西方各种重要的场合中，都保持着十分严格烦琐的礼仪要求。到了近现代，随着西方各国在社会经济等各方面的进一步发展，礼仪也有了新的发展，礼仪的烦琐性有所减少，更趋向简洁和实用。

（二）礼仪的概念

"礼仪"一词，由"礼"和"仪"组成。什么是"礼"？中国古代的"礼"，涉及范围极其广泛，大致包含几个方面内容：最高的自然法则；治国的大纲和根本；中国文化总名；理；对人的尊敬和礼貌；为了表示敬重或隆重而举行的仪式。"礼"发展到现在，是敬意的通称，其核心是互相尊重、互相关心、互相谦让。什么是"仪"？大致也有几方面内容：法度、法则；礼节、规矩；仪式、仪礼；容貌举止；礼物。在今天，"仪"是作为人际交往中相互表示尊重、友好的具体形式。简单地说，礼仪是人们在社会生活中所要遵循的约定俗成的礼节和规范，是人们在长期共同生活和相互交往中逐渐形成的并以风俗、习惯和传统等方式固定下来的准则，也是一种文化现象。

所谓社交礼仪，是指人们在人际交往过程中，用于表示尊重、亲善和友好的首选行为规范和惯用形式。在现代社会交往中，"礼"，是指尊敬和关心他人，使之合乎"情理"；"仪"，是指在行为上恰如其分，使之合乎"事理"。

**（三）礼仪的社会功能和修身作用**

1. 对社会来说，礼仪是一个国家社会文明程度、道德风尚和生活习惯的直观反映，作为一种社会文化，事关组织、社会乃至国家和民族的整体形象

从生活交际的角度来看，礼仪可以说是人际交往中的一种艺术。通过社交活动，人们可以获得大量信息，有助于满足工作和生活的需要；通过社交活动，人与人之间可以建立各种关系，如商业合作、感情姻缘等；通过社交活动，人们还能增进感情，充实自我。因此，礼仪的社会功能可以概括为沟通功能、协调功能、维护功能、教育功能。

2. 对个人来说，礼仪是一个人的思想道德水平、文化修养、交际能力的外在集中体现

个人礼仪主要包括行为举止礼仪、着装礼仪、言谈礼仪等，它是个人素质最直接的表现。我们接触一个人之后，常常会下一些评语："这个人谈吐文雅，素质真高。""这个人满嘴脏话，俗不可耐。""这个人真邋遢，衣服皱皱巴巴，胡子也不刮。"……这些评语往往针对的就是个人礼仪。从心理学上讲，被众人接纳的程度高，有利于建立和谐的人际关系，有利于打开局面，发展事业。要想被众人接纳，就要注重个人礼仪，通过坚持不懈的学习来改进自身素质。礼仪的修身作用表现在：求得人际和谐；建立自信自尊；获得事业成功。因而学习礼仪，有助于提高人们的自身修养，有助于美化自身、美化生活，有助于促进人际交往，建立自尊，增强自重、自信、自爱，为社会的人际交往铺平道路。群体是由个人组成的，若每个人都加强个人礼仪学习、注重礼仪修养，对于净化社会风气、促进社会文明有序发展有着积极的作用。

## 二、意义和作用

### （一）职校生学习社交礼仪的重要意义

众所周知，初中的学业以升学为目的，多注重知识的学习，忽视社交礼仪的教育。进入职校后，学生就要为成为一个合格的职业人做好准备，除了掌握相应的知识和职业技能之外，还必须具备一定的职业素养，提高社交能力，培养礼仪习惯，为自己的健康成长、可持续发展和终身发展奠定基础。因此，职校生学习社交礼仪是十分紧迫而又繁重的任务。

1. 学习社交礼仪是适应对外开放的需要

对外开放的国策打破了长期封闭的环境，职校生要从狭小封闭的环境中走出来，除了应具备一些必备的专业技能外，还必须了解如何与人相处的法则和规范。这些规范就是社交礼仪。礼仪的学习能够帮助职校生顺利地走进社会、走向世界，能够更好地树立起自身的形象，在与人交往中给人留下彬彬有礼、温文尔雅的美好印象。

2. 学习社交礼仪是适应市场经济发展的需要

市场经济的发展带来了大范围的分工协作关系和商品流通关系，促进了人与人之

间、组织与组织之间、地域与地域之间的相互依赖和相互合作，同时更带来了激烈的市场竞争，"皇帝女儿不愁嫁""酒香不怕巷子深"的局面已一去不复返。这对于一个企业或服务行业而言，就更需要积极地适应这种由"卖方市场"向"买方市场"的转变，而这种转变总是需要具体的人去实施、操作的。这些实践者如不懂得现代的社交礼仪，很难在市场上站稳脚跟。在市场经济的氛围下，人们不论是为自己还是为组织均应更多地了解学习社交礼仪的知识，帮助自己顺利走向市场、立足市场。

3. 学习社交礼仪是适应现代信息社会的需要

现代信息社会，飞速发展的传播沟通技术和手段日益改变着人们传统的交往观念和交往行为。尤其是人们交往的范围已逐步从人际沟通扩展为大范围的公众沟通，从面对面的近距离沟通发展到了不见面的远程沟通，从慢节奏、低频率的沟通变为快节奏、高频率的沟通。这种现代信息社会的人际沟通的变化对人类社交礼仪的内容和方式均提出了更高的要求。如何在这种沟通的条件下，实现有礼有节的交往，去实现创造"人和"的境界，这是学习社交礼仪的另一意义。

4. 学习社交礼仪是争做现代文明人的需要

我们生活在社会主义大家庭中，我们国家提倡每个公民均应争做"四有"新人。而要争做"四有"新人，学会必要的社交礼仪知识也是其中的一个方面。我们经常会对擦肩而过的一位先生或女士行注目礼，这是因为他们高雅的气质或潇洒的风度深深吸引了我们。那么如何在与人交往中，给人留下好印象呢？起码的一点就是多学一些社交礼仪，它可以免除你交际场上的胆怯与害羞，可以规范你在交际场中的行为举止，可以给你增添信心和勇气，使你知礼懂礼，成为一个有教养的、有礼貌的、受欢迎的现代人。

（二）社交礼仪对职校生的作用

1. 社交礼仪教育有利于职校生与他人建立良好的人际关系，形成和谐的心理氛围，促进职校生的身心健康

任何社会的交际活动都离不开礼仪，而且人类越进步，社会生活越社会化，人们也就越需要礼仪来调节社会生活。礼仪是人际交往的前提条件，是交际生活的钥匙。当代职校生随着年龄的增长和生活环境的变化，自我意识有了新的发展，他们十分渴望获得真正的友谊，进行更多的情感交流。职校生一般都远离家乡父母，过着集体生活，与其他同学处在平等位置，失去了以前那种对父母的"血缘上的""无条件的"依赖。因此，通过人际交往活动，并在交往过程中获得友谊，是职校生适应新的生活环境的需要，是职校生从"依赖于人"的人发展成"独立"的人的需要，也是职校生成功地走向社会的需要。事实上，在职业学校学习期间，能否与他人建立良好的人际关系，对职校生的成长和学习有着十分重要的影响。

2. 社交礼仪教育有利于促进职校生的社会化，提高其社会心理承受力

人在社会化过程中，需要学习的东西很多，而社交礼仪教育是一个人在社会化过程

中必不可少的重要内容。因为，礼仪是整个人生旅途中的必修课。任何一个生活在某一礼仪习俗和规范环境中的人，都自觉或不自觉地受到该礼仪的约束。自觉地接受社会礼仪约束的人，就被人们视为"成熟的人"，符合社会要求的人。反之，一个人如果不能遵守社会生活中的礼仪要求，他就会被该社会中的人视为"惊世骇俗"的"异端"，就会受到人们的排斥，社会就会以道德和舆论的手段来对他加以约束。职校生堪称"准社会人"，还不是真正的社会人。他们有一种强烈的走向社会的需要，同时又普遍存在一些心理困惑，比如，走上工作岗位后面临如何与领导、同事打交道，如何建立良好的人际关系，如何进行自我形象设计，如何尽快地适应社会生活等社会交往问题。然而职校生的社会心理承受力直接影响到交际活动的质量。一个具有良好的心理承受力的人，在交际活动中遇到各种情况和困难时，都能始终保持沉着稳定的心理状态，根据所掌握的信息，迅速采取最合理的行为方式，争取主动。相反，一些缺乏良好的心理承受力的人，在参加重大交际活动前，常会出现惊慌恐惧、心神不定、坐卧不安的状况，有的在交际活动开始后，甚至会出现心跳加快、四肢颤抖、说话声调不正常的现象。

3. 社交礼仪教育有利于对职校生进行思想道德教育，提高其思想道德素质

目前，在不少职校中存在着这样的现象：学生学的是高层次的道德规范，而实际行为上却往往达不到基础道德的水平。这是与社交礼仪教育的缺乏分不开的。因为，礼仪是一种社会规范，是调整社会生活成员在社会中相互关系的行为准则。社会规范主要包括法律规范和非法律规范两大类别。礼仪是一种非法律规范，它主要包括道德规范、宗教规范、习俗、共同生活准则等。其中，道德规范具有特殊的地位和作用，因为它是从社会生活中概括提炼出来的一种自觉的社会意识形态，它是依靠社会舆论、传统习惯和个人的内心信念来维持的。社会礼仪反映了人们在共同生活、彼此交往中最一般的道德关系，是保证交往活动进行顺利和社会生活秩序正常的重要因素。社交礼仪是一门具有较强的实践性和实用性的学科。

4. 社交礼仪教育有利于对职校生进行人文知识教育

社交礼仪能提高职校生的人文素质。文化素质教育主要是指通过人文学科的教育去塑造和培养职校生的内在品格与修养，也就是塑造职校生具有高尚的精神境界和高品位的文化境界。人文教育有明显的教化功能。它作用于人的情感状态，影响和改变人的价值观、人生观、个性等，最终目标是教会职校生学会与他人相处，学会做文明人。

5. 社交礼仪教育有利于强化职校生的文明行为，提高其文明素质，促进社会主义精神文明建设

社交礼仪教育是社会主义精神文明教育体系中最基础的内容。因为讲文明、讲礼貌是人们精神文明程度的实际体现。普及和应用礼仪知识，是加强社会主义精神文明建设的需要。通过社交礼仪教育，职校生能明白言谈、举止、仪表和服饰能反映出一个人的思想修养、文明程度和精神面貌。然而每个人的文明程度不仅关系到自己的形象，同时

也影响到整个学校的精神面貌乃至整个社会的精神文明。通过社交礼仪教育进一步提高职校生的礼仪修养，培养职校生应对酬答的实际能力，养成职校生良好的礼仪习惯，使其具备基本的文明教养。如果人人讲礼仪，我们的社会将充满和谐与温馨。

### 小贴士

下面是关于人生的 10 条建议，请同学们酌情进行实践，然后交流心得体会。

1. 生气时不要做任何决定。
2. 学会礼貌而灵活地说"不"。
3. 不要指望生活会是完全公平的。
4. 每天称赞 3 个人。
5. 经常说"谢谢"。
6. 用你希望别人对待你的方式去对待别人。
7. 结交新朋友。
8. 保守秘密。
9. 学会倾听。
10. 学会独立思考。

【拓展训练】

**案例分析一：**

公元前 592 年，当时的齐国国君齐顷公在朝堂接见来自晋国、鲁国、卫国和曹国的使臣，各国使臣都带来了墨玉、币帛等贵重礼品献给齐顷公。献礼的时候，齐顷公向下一看，只见晋国的亚卿郁克是个独眼，鲁国的上卿是个秃头，卫国的上卿孙良夫是个跛脚，而曹国的大夫公子首则是个驼背，不禁暗自发笑：怎么四国的使臣都是有毛病的？

当晚，齐顷公拜见自己的母亲萧夫人时，便把白天看到的四个人当笑话说给萧夫人听。萧夫人一听便乐了，执意要亲眼见识一下。正好第二天是齐顷公设宴招待各国使臣的日子，于是便答应届时让萧夫人躲在帷帐的后面观看。第二天，当四国使臣的车子一起到达，众人依次入厅时，萧夫人掀开帷帐向外望，一看到四个使臣便忍不住大笑了起来，她的随从也个个笑得前仰后合。笑声惊动了众使者，当他们弄明白原来是齐顷公为了让母亲开心特意做了这样的安排时，个个怒不可遏，不辞而别。四国使臣约定各自回国后请兵伐齐，血洗在齐国所受的耻辱。四年后，四国联合起来讨伐齐国，齐国不敌，大败，齐顷公只得讲和。这便是春秋时期著名的"鞍之战"。

讨论题：春秋时期为什么会出现著名的"鞍之战"？

**案例分析二：**

20世纪90年代，国内的许多厂家都与外国客商有了贸易往来，很多外商也开始与我们国内的企业合资生产。一家生产医疗设备的企业找到了一位美国客商来厂考察，准备与其建立长期的合作关系。双方的业务洽谈非常融洽，厂长的业务能力也给外商留下了良好的印象，双方决定第二天正式签订价值15万美元的合同。美国客商提出是否能到车间参观一下，厂长欣然同意，还主动陪同前往。车间里秩序井然，外商颇为满意。然而，就在这时，厂长突然感到喉咙奇痒难忍，便本能地咳嗽了一声，然后走到车间的墙角吐了一口痰，并连忙用脚擦去。

第二天一早，当厂长兴冲冲地带着翻译赶到外商下榻的宾馆时，却被告知，客人已提前离开，并转交该厂长一封信。信中写道："尊敬的厂长先生，我十分佩服您的才智与精明，但是您在车间里吐痰的一幕使我彻夜难眠。恕我直言，一个厂长的卫生习惯可以反映一家工厂的管理水平和人员素质。况且，我们今后将生产的是用于治病的输液管。贵国的成语说得好：人命关天！请原谅我的不辞而别，否则，上帝会惩罚我的……"

在这位美国客商看来，制药车间对卫生的要求是非常严格的，作为一厂之主的厂长都能随地吐痰，那么怎么能管好厂里的事情呢？

讨论题：① 看了这个故事，你如何理解"细节决定成败"这句话？
② 应该怎样提高自己的修养？

**案例分析三：**

一位英国老妇到中国游览观光，对接待她的中国导游小姐评价颇高，认为她服务态度好，英语语言水平也很高，便夸奖导游小姐说："你的英语讲得好极了！"导游小姐马上回应说："我的英语讲得不好。"英国老妇一听就生气了，道："英语是我的母语，难道我不知道英语该怎么说？"

讨论题：英国老妇生气的原因无疑是导游小姐忽视东西方礼仪的差异所致。东西方礼仪差异主要表现在哪些地方？

# 思 考 题

1. 什么是社交礼仪？
2. 职校生学习社交礼仪有何作用？

# 第二章 仪表之礼

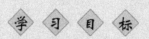

面容整洁、衣着得体、发型自然、仪态大方。

重视仪表礼仪是对自己与他人尊重的表现，一个人的仪容、仪表、姿态会给他人留下第一印象，影响着与他人沟通的效果。端庄的容貌、文雅的举止，不仅反映着一个人的精神状态和礼仪素养，同时还能帮助个体在社会竞争中更加自信，充分地实现自身价值。在人们日益注重形象、追求时尚、彰显个性的时代，良好的形象就是财富，就是实力，是职校生赢得机会的必备条件之一。

## 第一节 仪容礼仪

### 一、仪容的概念

仪容主要是指一个人的容貌，尤指美好的或健康的外貌。它由容貌、发式、手以及所有暴露在服装之外的身体部分组成。保持清洁是最基本、最简单、最普遍的仪容。男士要注意细部的整洁，如眼部、鼻腔、口腔、胡须、指甲等；职业女性，尤其是社交场合的女士，通常要化妆。在某些场合，适当的美容化妆则是一种礼貌，也是自尊和尊重他人的体现。一般来讲，仪容修饰应当遵循以下两个原则。

#### （一）自然适度原则

仪容修饰无论是在修饰程度上，还是在饰品数量和修饰技巧上，都应把握分寸，自然适度，追求虽刻意雕琢但又不露痕迹的效果。

## （二）整体协调原则

对仪容修饰时要先着眼于自身的整体状况，要与个体自身的性别、年龄、容貌、肤色、身材、体型、个性、气质以及身份相适应，在此基础上考虑各个局部的修饰，促成修饰与个人自身的诸多因素之间协调一致，使之浑然一体。

## 二、仪容礼仪

1. 头发

头发位于人体的"制高点"，打量一个人，首先看到的是这个人的头发。修饰头发最重要的就是整洁，要勤于洗头，保持干爽，同时发型的选择还要考虑自己的身份、年龄及性格，力求实用、美观，并体现自己的个性。男性发型应体现潇洒稳重，阳刚之气；女性发型应体现庄重大方又不失柔美。对于职校生来说，不染发、烫发，男生前部的头发不能遮住额头，两鬓的头发不要挡住耳朵，后面的头发不要碰到衬衫的领口，否则既不雅观，又容易弄脏衣领；女生在重要的场合头发不应披散，以不过肩为宜，必要时应选择束发（如图2-1）。对于头发的日常保养应该养成周期性洗发的习惯，一般每周洗发2～3次即可。

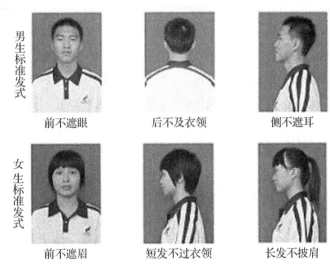

图2-1 职校生标准发

2. 皮肤

洁净清爽的脸庞会使人看起来精神十足，应每日早晚洗脸，清除附在面部的污垢、汗渍等。正常的洗脸方法有助于保持皮肤的弹性，保持血液循环良好和新陈代谢的正常运行。因此，要注意洗脸的方法，应用温水从上额至颧骨、下颌部位反复打圈，从颈部至左、右耳根反复多次。为了养护面容，平时多吃水果蔬菜，多喝水，以保持足够的水分，防止皮肤粗糙、干燥。保证足够的睡眠，使面部看上去红润。夏季要及时擦去脸上的汗,不要让其淌在脸上;冬天外出前要擦好润肤产品,以便保护肌肤。此外,还应做到不文身,以免给人留下不好的印象。

3. 耳朵

耳朵虽然位于面部的两侧,但却在他人的视线注意之内,所以要保持耳部的清洁,及时清洁耳垢。注意清除耳垢不要当众进行,以免给他人留下不好的印象。在洗澡、洗脸、洗头时,不要忘记洗耳朵,必要时还要清除耳朵中的分泌物。耳部清洁要注意安全,防止伤及耳膜。此外,学生在校学习期间避免戴耳钉、耳坠等饰物,特别是男生更不应打耳洞、佩戴饰品。

4. 眉毛

人们用眉清目秀、眉飞色舞、愁眉不展等词来形容眉毛,可见,眉毛的表现对一张生动的脸的作用不小。眉毛可以修饰,但最好不要改变天然的眉形。用眉夹拔去两眉间和眉毛下面多余的杂毛,形成柔和的弧形。要想把眉毛修饰整齐,可以用眉梳加以梳理。

5. 眼睛

眼睛是心灵的窗口,也是人际交往中被他人注视最多的地方。眼睛应时刻保持清澈,眼睛周围一定要清洁,不能有眼屎,眼中不能有红血丝。日常生活要注意对眼睛的爱护,要让眼睛有充足的休息时间,过多地面对电脑、看书、看电视等都会使眼睛疲劳,导致眼睛干涩,甚至有异物感、肿胀感及流泪等症状。感觉疲惫时可以用有缓解疲劳效用的眼药水来滴眼,然后闭眼片刻。近年来,美瞳由于有多种颜色,同时又可显得眼睛明亮,彰显个性与时尚,受到年轻人的欢迎,但在校期间,学生还是尽量避免佩戴美瞳,尤其是色彩比较艳丽的美瞳。此外,也不应过多地把精力用在化妆上,画眼线、涂眼影等会给人不庄重、哗众取宠之感。

6. 鼻部

鼻部是面部的敏感区域,要注重保养,不能乱挠、乱挤,要注意清洁,避免生出"黑头"。在与他人交往前,应检查一下自己的鼻毛是否过长,如过长应用小剪刀剪短,不要去拔。保持鼻腔的清洁,养成每天洗脸时清洁鼻腔的好习惯。不要用手去挖鼻孔,尤其是在他人面前,这样既不雅观,又不卫生。感冒时不能到处擤鼻涕,应避开他人,在隐蔽处进行处理。

7. 嘴部

嘴巴是发声之所,也是进食之处,理所当然应多作修饰,并细心照顾。牙齿是口腔的面门,养成每天定时刷牙和饭后漱口的习惯,牙齿上不要留有牙垢,同时要保持口气清新。在与他人谈话前不要吃葱、蒜、韭菜之类有刺激性气味的食物,以免引起对方反感。口腔异味影响交际,可以用口香糖来减少异味,但在正式场合嚼口香糖是不礼貌的,与人交谈时,也应避免嚼口香糖。一般咳嗽、打喷嚏、打哈欠时应尽量避开他人,一旦忍不住,要用手绢或手捂住嘴,并向他人道歉。秋冬季节要防止嘴唇干燥破裂,可用淡色的唇膏缓解不适,但不要选择颜色过于艳丽或沉重的唇膏,比如大红、紫色、蓝色等。

8. 胡须

进入青春期后,男生开始长胡须。作为学生,如果胡须长得不很浓密,则不需要剃;如果胡须长得浓密,则需要每日把胡须剃干净,但不要当众剃须。有的男生为了让自己看起来有阳刚之气,故意把胡子留着,这在正规场合对别人其实是不礼貌的。

9. 手部

在待人接物过程中,手部和面部一样,露在外面,容易被人注意到。通过观察一个人的手,可以判断出对方的修养与卫生习惯,也可以判断出一个人的精神风貌。因此,应随时随地清洗自己的手。手的清洁与一个人的整体形象密切相连,应当引起足够重视。饭前便后及接触脏的物体以后,要马上洗手,方便的话还应涂些护手霜,以保持手部的光洁。要勤剪指

图2-2  手要保持光洁

甲,不留长指甲,同时避免在公共场合修剪指甲,指甲里无污垢(如图2-2)。女生可涂无色透明的指甲油,但不要涂颜色艳丽的指甲油。戒指的佩戴是有讲究和内涵的,并不适合在校生,因此手上不要随便佩戴戒指。

10. 体味

人体皮肤上大约有三百三十多万个汗腺,平均每平方厘米有九万多个,因此,每个人都有自己或浓或淡的体味。体味如果过于明显,就应该有所遮掩,经常洗澡、勤换鞋袜是必要的。此外,有的人喜欢使用香水,但气味过于浓烈的香水反而会招致别人反感,所以这类香水并不适合学生使用,职校生可不用香水或选择清淡的香水,适量喷洒。

一个人即使天生丽质,如果在某个时刻被发现面部不加修饰、体味难闻,也一定会使人敬而远之。在人们的日常生活中,无论经济条件好与坏,讲卫生、爱整洁都是自尊的表现,干净、整洁就是美的体现。清洁是仪容美的关键,是礼仪的基本要求,也是当今社会与人交往、取得成功的必要条件之一。容貌是天生的,但需要后天的修饰,只要每个人都注意清洁和恰当地修饰,人人都会显出迷人的风采。

### 三、表情礼仪

人与人在交往的时候,内心情感在面部上的表现,即为表情。表情是一种无声的语言,是人际交往中相互沟通的形式之一,是人的思想情感和内在情绪的外露。脸部是人

体中最能传情达意的部位,可以表现出喜、怒、哀、乐、忧、思等各种复杂的思想情感。在交际活动中,表情备受人们的注意,在人的千变万化的表情中,眼神和微笑最具礼仪功能和表现力。

### (一) 目光

眼睛是五官中最敏感的器官,被称为人类的心灵之窗,它能够自然、清晰、准确地表现人的心理活动。目光,也称眼神,是面部表情的核心,泰戈尔说:"(任何人)一旦学会了眼睛的语言,表情的变化将是无穷无尽的。"

1. 目光的作用

(1) 传递感情

孟子曰:"听其言也,观其眸子。"(《孟子·离娄上》)可见,目光是一种真实、含蓄的语言,人的喜怒哀乐、爱憎好恶等思想情绪,都能从其眼睛中表现出来。目光接触时间的长短,也表达着一些信息。心理学实验表明,人们视线接触的时间,通常占交往时间的30%~60%。如果超过60%,则表示彼此对对方的兴趣可能大于谈话的内容;低于30%,则表明对对方本人或交谈的话题没有兴趣。

(2) 展示形象

在与人交往中,不同的目光会给人留下不同的印象。目光亲切、友善,给人以平易近人的印象;目光炯炯,给人以精力旺盛的印象;目光坦然,给人以值得信任的印象;目光如炬,给人以富有远见的印象。反之,目光迟钝,给人以衰老、虚弱的印象;目光闪烁,给人以神秘、心虚的印象;等等。

(3) 表达尊重

在人际交往中,用自信、坦率的目光正视交际对象,将视线停留在对方双肩和头顶所构成的一个正方形的区域内,能够表达出诚恳与尊重。在来宾众多或其他不方便逐一打招呼的情况下,用目光向其他客人示意,能消除他们的被冷落感,使其感到受到了尊重和欢迎。

2. 注视的时间

(1) 表示友好

向对方表示友好时,应不时地注视对方。注视对方的时间占全部相处时间的1/3左右。

(2) 表示重视

向对方表示关注,应常常把目光投向对方那里。注视对方的时间约占相处时间的2/3。

(3) 表示轻视

如果目光游移不定,注视对方的时间不到全部相处时间的1/3,就意味着轻视。

(4) 表示敌意

如果目光始终盯在对方身上,注意对方的时间占全部相处时间的2/3以上,被视为有敌意，或有寻衅滋事的嫌疑。

（5）表示感兴趣

如果目光始终盯在对方身上，偶尔离开一下，注视对方的时间占全部相处时间的2/3以上，同样也可以表示对对方较感兴趣。（如图2-3）

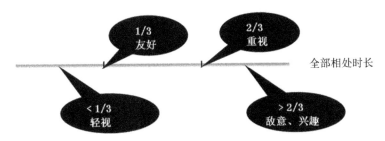

图2-3　目光注视的时间

3．注视的角度

注视别人时，目光的角度，即目光从眼睛里发出的方向，往往表示与交往对象的亲疏远近。

（1）平视

也叫正视。即视线呈水平状态。常用在普通场合与身份、地位平等的人进行交往时。

（2）侧视

是一种平视的特殊情况，即位于交往对象的一侧，面向并平视着对方。侧视的关键在于面向对方；若为斜视对方，即为失礼之举。

（3）仰视

即主动居于低处，抬眼向上注视他人，以表示尊重、敬畏对方。

（4）俯视

即向下注视他人，可表示对晚辈宽容、怜爱，也可表示对他人轻慢、歧视。（如图2-4）

图2-4　目光注视的角度

4. 目光注视的部位

（1）双眼

注视对方双眼，表示自己重视对方，但这样注视的时间不要太久。

（2）额头

注视对方额头，表示严肃、认真、公事公办。

（3）眼部—唇部

注视这一区域，表示礼貌，尊重对方。

（4）眼部—胸部

注视这一区域，多用于关系密切的男女之间，表示亲近、友善。

（5）眼部—下腹部

适用于注视相距较远的熟人，也表示亲近、友善，但这样的注视不适用于关系一般的异性。

（6）任意部位

对他人身上的某一部位随意一瞥，多用于在公共场合注视陌生人，最好慎用。

5. 掌握运用目光的时机

有的人在与陌生人交往时，不知把目光怎样安置，不敢对视或死盯着对方，这都是不礼貌的。良好的交际目光应是坦然、亲切、和蔼有神的。做到这一点的要领是：放松精神，把自己的目光放虚一点，不要聚集在对方脸上的某个部位，而是好像在用自己的目光笼罩对面的整个人。如果对对方的讲话感兴趣，就要用柔和友善的目光正视对方的眼睛；如果想要中断他人的话，可以有意识将目光稍微转向他处。当对方说了幼稚或错误的话显得拘谨害羞时，不要马上转移自己的视线；相反，要继续用柔和理解的目光注视对方，否则别人会误解为嘲笑他。当双方缄默不语时，不要再看着对方，以免加剧尴尬局面；谈得很投入时，不要东张西望，否则别人认为你已经听得厌烦了。

（二）笑容

在人的面部表情中，除目光之外，最动人、最有魅力的就是笑容。笑容是沟通双方心灵的润滑剂，是最能打动人的无声语言，被称为"世界语"。笑容，即人们在笑时的面部表情。利用笑容，可以消除彼此间的陌生感，打破交际障碍，为更好地沟通与交往创造有利的氛围。（如图2-5）

图2-5 微笑是无声的语言

1. 笑容的作用

笑容是人际关系的黏合剂，是"参与社交的通行证"，也是待人处世的法宝。在人际交往中，笑容起着重要的作用。

(1) 融洽气氛

笑容有一种天然的吸引力，是人际交往的一种轻松剂和润滑剂。它能使人相悦、相亲、相近，能有效缩短双方的心理距离，打败交际障碍，为深入沟通与交往创造真诚、融洽、温馨的良好氛围。

当你第一次踏入社交场合，或第一次与客人交往，不免会感到紧张、羞怯，微笑可以帮助你摆脱窘境——对方的友好微笑可以化解你的局促；你的微笑可以帮助自己镇定。所以在交谈中，表示友善、欢迎、亲切时，要面带微笑；表示请求、道歉、拒绝时，更应该面带微笑。如让人久等了，边微笑边说"对不起"，可以消除对方的怒气。通常人们总习惯以消极的表情语来表达否定的意思，其实若在人际交往中用积极的表情语——微笑的方式来表达拒绝，会免去对方的尴尬，更容易使人接受。

(2) 减少摩擦

笑容是一种特殊的情绪语言，它可以起到有声语言所起不到的作用。它是一个人对他人态度诚恳的一种表现，能给人以亲切、友好的感受，帮助对方驱散笼罩在心头的阴云，消除误解、疑虑和隔阂。笑容是善意的标志、友好的使者、礼貌的表示。当碰到他人向你提出不好满足的请求或要求时，面带微笑拒绝，不仅可以消除对方的误解，而且可以使你的拒绝让人容易接受，不伤和气地解决问题。

(3) 美化形象

笑容给人以亲切、甜美的感受，是一个人最美的神态。笑容作为一种表情，不仅是形象的外在表现，也是人的内在精神的反映。一个经常面带笑容的人，心理一定是健康的，因为笑口常开的人，一定是一个心地善良、心胸豁达、乐观向上的人，是一个热爱工作、奋发进取、充满自信的人。可以说，笑容是礼仪的基石，也是一个人礼仪修养的展现。因为，善于展露笑容的人，往往会赢得他人的好感和信赖。

2. 笑的种类

(1) 含笑

不出声，不露齿，只是面带笑意，表示接受对方，待人友善。适用范围较为广泛。

(2) 微笑

唇部向上移动，嘴角略呈上翘弧形，但牙齿不外露，表示满意、友好。适用范围最广。

(3) 轻笑

嘴巴微微张开一些，上齿显露在外，不发出声响，表示欣喜、愉快。多用于会见客户、向熟人打招呼等情况。

(4) 浅笑

笑时抿嘴，下唇大多被含于牙齿之中。多见于年轻女性表示害羞之时，通常又称为抿嘴而笑。

（5）大笑

表现得过于张扬。一般不宜在商务场合中使用。

3. 笑的方法

笑的共性是面露喜悦之色，表情轻松愉快。但是，如果发笑的方法不对，要么笑比哭还难看，要么会显得非常假，甚至显得很虚伪。

（1）发自内心

笑的时候，要自然大方，亲切友好。

（2）声情并茂

笑的时候，要做到表里如一，使笑容与自己的举止、谈吐有很好的呼应。

（3）气质优雅

笑的时候，要讲究笑得适时、适景，更要讲究精神饱满，气质典雅。

（4）表现和谐

从直观上看，笑是人们的眉、眼、鼻、口、齿以及面部肌肉和声音所进行的协调行动。

4. 笑的禁忌

（1）假笑

即笑得虚假，皮笑肉不笑。

（2）冷笑

即含有怒意、讽刺、不满、无可奈何、不屑一顾、不以为然等容易使人产生敌意的笑。

（3）怪笑

即笑得怪里怪气，令人心里发麻，多含有恐吓、嘲讥之意。

（4）媚笑

即有意讨好别人，非发自内心，具有一定的功利性目的的笑。

（5）怯笑

即害羞、怯场，不敢与他人交流视线，甚至会面红耳赤的笑。

（6）窃笑

即偷偷地洋洋自得或幸灾乐祸的笑。

（7）狞笑

即面容凶恶，多表示愤怒、惊恐、吓唬。

5. 微笑练习

微笑的基本要求是：真诚、自然、亲切、甜美。微笑时，面部肌肉放松，嘴角

图 2-6　微笑训练

两端向上微翘,适当露出牙齿,不发声。训练微笑,首先,要求微笑是发自内心、发自肺腑,无任何做作之态,没有虚伪的笑。其次,可进行技术性训练,因为人们微笑之时,口角两端向上翘起。练习时,为使双颊肌肉向上抬,口里可念着普通话的"一"字音,或咬一根筷子(如图2-6)。此外,还要训练眼睛的"笑容",取厚纸一张,遮住眼睛下边部位,对着镜子,回忆过去的美好生活,嘴巴两端做出微笑的口形,随后放松面部肌肉,眼睛随之恢复原形。

## 【拓展训练】

**案例分析一:**

某公司总经理赵先生为视察工作和开拓新市场,下榻于广州某星级酒店。经过连续几天的工作,终于圆满完成任务。回去之前,赵先生与几位分公司领导和来宾打算庆祝一下。

他们来到餐厅,接待他们的是一位面容姣好的服务员,其接待服务工作做得也很好,可是她面无血色,显得无精打采。赵先生一看到她就觉得没了好心情。仔细留意才发现,这位服务员没有化工作淡妆,在餐厅昏黄的灯光下显得病态十足。开始上菜时,赵先生突然发现传菜员的指甲油缺了一块,当下赵先生的第一个反应是:缺了的那块指甲油是不是掉进我的菜里了?这顿饭吃得赵先生心里很不舒服,最后他们喊柜台内服务员结账,可服务员一直盯着反光玻璃在修饰自己的妆容,丝毫没有留意到顾客的要求。赵先生对该饭店的服务十分不满。

分析:① 请指出案例中服务员在仪容上存在的问题。
② 本案例对你有哪些启示?

**案例分析二:**

某公司招聘文秘人员,由于待遇优厚,应者如云。中文系毕业的小李同学前去面试,她的背景材料可能是最棒的:大学四年中,在各类刊物上发表了3万字的作品,内容有小说、诗歌、散文、政论等,还为六家公司策划过周年庆典,一口英语表达也极为流利,书法也不错。小李五官端正,身材高挑、匀称。面试时,招聘者拿着她的材料等她进来。只见小李穿着迷你裙,露出白皙的大腿,上身是露脐装,涂着鲜红的唇膏,轻盈地走到一位考官面前,不请自坐,随后跷起了二郎腿,微笑地等着问话。孰料,三位招聘者互相交换了一下眼色后,主考官说:"小李,请下去等通知吧。"她喜形于色:"好!"持起小包飞跑出门。

讨论题:① 小李的应聘为什么会失败?
② 服装美的最高境界是外在美和内在美的统一,你对这个问题是怎样理解的?

## 第二节 仪态礼仪

仪态是一种无声"语言",也称"体态语言",泛指人们的身体所展现出来的各种姿势,即身体的具体造型。一个人的仪态包括他的所有行为举止:站姿、行姿、蹲姿、手势、面部表情等。仪态反映了一个人的素养、受教育程度及能够被人信任的程度。人的风度是通过人的举止体现出来的,仪态礼仪是气质内涵的外在表现。我们往往可以从一个人的仪态来判断他的品格、学识、能力和其他方面的修养。

### 一、站姿

#### (一)站姿基本要领

站姿是指人在停止行动之后,直立自己的身体,双脚着地的姿势。它是人们平时所经常采用的一种静态的身体造型,同时又是其他动态的身体造型的基础和起点。站姿的基本要求是:头正、颈直、下颌微收,双目平视,面容平和自然;肩平、自然放松,稍向下沉,躯干挺直;收腹、立腰、挺胸、提臀;双臂放松,自然下垂于体侧,虎口向前,手指并拢自然弯曲,中指贴拢裤缝;双膝并拢,两腿直立。总的来讲,采取这种站姿,会使人看起来稳重、大方、俊美、挺拔。

1. 女士站姿

女士的站姿要求柔美,即所谓的"亭亭玉立",以体现女性轻盈、妩媚、娴静、典雅的韵味。女士的主要站姿为前腹式,但双腿要基本并拢,脚位应与服装相适应,穿紧身短裙,脚跟靠紧,脚掌分开呈"V"状或"Y"状(即丁字步)。(如图2-7)

图2-7 女士站姿

2. 男士站姿

男士站姿要稳健,即所谓的"站如松",以显示出男性刚健、强壮、英武、潇洒的风采；男士通常可采取双手相握、叠放于腹前的前腹式站姿；或将双手背于身后，然后相握的后背式站姿；或将双臂自然垂于身体两侧，五指并拢，自然微屈，中指压裤缝。双脚可稍微叉开，以与肩部同宽为限。（如图2-8）

### （二）站姿的注意事项

站立时，切忌手插在衣袋里，无精打采或东倒西歪；忌弯腰驼背，低头，两肩一高一低；忌把其他物品作为支撑点，依物站立，更不要依靠在墙上；双手忌做无意的小动作，更不要插在腰间或抱在胸前；腿忌不停地抖动。

## 二、坐姿

图2-8　男士站姿

### （一）坐姿的基本要领

上半身挺直，两肩放松，下巴向内微收，脖子挺直，挺胸收腹，并使背部和臀部成一直角，双手自然放在双膝上，两腿自然弯曲，小腿与地面基本垂直，两脚平落地面。两膝间的距离，男士以不超过肩宽为宜，女士则两膝并拢。（如图2-9、2-10）

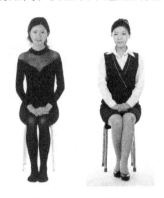

图2-9　女士坐姿

图2-10　男士坐姿

女士还可以采用"S"型坐姿，即上体与腿同时转向一侧，面向对方，形成一个优美的"S"型坐姿；叠膝式坐姿，即两腿膝部交叉，一腿内收与前腿膝下交叉，两脚一前一后着地，双手稍微交叉于腿部。（如图2-11）

1. **两手摆法**

有扶手时，双手轻搭或一搭一放。无扶手时,两手相交或轻握或呈八字形置于腿上；或左手放在左腿上，右手搭在左手背上。

2. **两腿摆法**

凳高适中，两腿相靠或稍分，但不能超过肩宽；凳面低时，两腿并拢，自然倾斜于一方；凳面高时，一腿略搁于另

图2-11　女士叠膝式坐姿

一腿上，脚尖向下。

3．两脚摆法

脚跟、脚尖全靠或一靠一分，也可以一前一后（可靠拢也可以稍分）或右脚放在左脚外侧。

需强调的是，女性在乘坐小汽车时还应注意坐车的姿势。要想在上汽车时显得稳重、端庄、大方，做起来并不难。上车前应首先背对车门，款款坐下，待坐稳后，头和身体进入车内，最后再将并拢的双腿一并收入车内。然后方才转身，面对行车的正前方向，同时调整坐姿，整理衣裙。坐好之后，两脚亦应靠拢。下车的姿势也不能忽略，一般应待车门打开后，转身面对车门，同时将并拢的双腿慢慢移出车外，等双脚同时落地踏稳，再缓缓将身体移出车外。

（二）坐姿的注意事项

1．入座时的注意事项

入座时，走到座位前，转身后右脚向后撤半步，从容不迫地慢慢坐下，然后把右脚与左脚并齐。女性入座要娴雅，坐下前应用手把裙子向前拢一下。起立时，右脚先向后收半步，立起，向前走一步离开座位。在社交场合，入座时要轻柔和缓，离座时要端庄稳重，不可猛起猛坐，制造紧张气氛。

2．就座时的注意事项

坐在椅子上，至少应坐满椅子的 2/3（如图 2-12）。如果是沙发，座位较低，又比较柔软，应注意身体不要下滑而陷在沙发里，这样看起来很不雅观。与人面对面会谈时，前 10 分钟左右不可松懈，在开始阶段就放松地靠在椅背上不礼貌。正面与人对坐会产生压迫感，应当稍微偏斜，这样双方都会感觉轻松自然。

图 2-12　坐满椅子的 2/3

3．坐姿的忌讳

坐在椅子上，勿将双手夹在两腿之间，这样显得胆怯含羞、缺乏自信，也显得不雅。

坐时，双腿叉开过大，或双腿过分伸张，或腿呈"4"字形，或把腿架在椅子、茶几、沙发扶手上，都不雅观；同时，忌用脚打拍子。

坐时应避免内八字；当跷二郎腿时，悬空的脚尖应朝下或朝向他处，切忌朝天或指向他人，并不可上下抖动。

## 三、蹲姿

### （一）蹲姿的基本要领

1. 高低式蹲姿

下蹲时一般是右脚在前，左脚稍后。右脚应完全着地，小腿基本上垂直于地面；左脚则应脚掌着地，脚跟提起。左膝须低于右膝，左膝内侧可靠于右小腿的内侧，形成右膝高、左膝低的姿态（如图2-13）。女性应靠紧两腿，男性则可以适度分开。这种蹲姿的特征就是双膝一高一低，选用这种蹲姿既方便又优雅。

图2-13　高低式蹲姿

图2-14　交叉式蹲姿

2. 交叉式蹲姿

下蹲时，左脚在前、右脚在后，左小腿垂直于地面，全脚着地。左腿在上，右腿在下，两者交叉重叠。右膝由后下方伸向左侧，右脚脚跟抬起，并且脚掌着地。两腿前后靠近，合力支撑身体。上身略向前倾，臀部朝下（如图2-14）。通常适用于女性，尤其是身着裙装的女性。它的优点是造型优美典雅，基本特征是蹲下后双腿交叉在一起。

### （二）蹲姿的注意事项

1. 下蹲时

下蹲的时候，切勿速度过快，并注意与他人保持一定的距离，避免彼此迎头相撞。

2. 在他人身边下蹲时

在他人身边下蹲时，最好是与之侧身相向。正面面对他人或背部对着他人下蹲时，通常都是不礼貌的。

3. 女性下蹲忌讳

在大庭广众之下下蹲时，身着裙装的女性一定要避免个人的隐私暴露在外。

4. 不可乱用蹲姿

蹲姿是在特殊情况下的姿势，所以不可随意乱用。另外，不可蹲在椅子上，也不可蹲着休息。

## 四、走姿

### （一）走姿的基本要领

正确的走姿基本要领是：步履自然、轻盈、稳健，抬头挺胸，双肩放松，提臀收腹，重心稍向前倾，两臂自然摆动，目光平视，面带微笑。（如图2-15）

图2-15　走姿

1. 方向正确

在行进的过程中，应保持明确的方向，尽可能走在一条直线上。要做到此点，具体的方法是：行走时应脚尖正对前方，所走的路线形成一条虚拟的直线。

2. 步位标准

步位，即脚落在地面的位置。男性两脚跟可保持适当间隔，基本前进在一线上，脚尖稍微外展；女性两脚跟要前后踏在同一条直线上，脚尖略外展，即所谓的"一字步"，也称"柳叶步"。

3. 步度适中

步度也叫步幅，是指在行走时两脚之间的距离。生活中步度的大小因人而异，但通常应与本人一只脚的长度相近，男性每步大约40厘米，女性每步大约30厘米。同时，服装与鞋子也会影响一个人的步度。如身穿旗袍或脚穿高跟鞋，步度必定比平时穿长裤和平底鞋要小些。

4. 姿态优美

走路时膝盖和脚腕都要富有弹性，两臂自然轻松地前后摆动。男性应具有阳刚之美，展现其矫健、稳重、挺拔的特点；女性应显得温婉动人，体现其轻盈、妩媚、秀美的特质。

5. 速度均匀

在一定的场合，一般应当保持相对稳定的速度。在正常情况下，每分钟走60～100步。

6. 重心放准确

行进时，尤其在起步时，身体要向前微倾，身体的重量要落在前脚掌上。在行进过程中，应注意使身体的重心随着脚步的移动不断地向前过渡，切记不要让其停留在自己的后脚上。

7. 身体协调

走路时身体各部位应保持动作的和谐与协调。走动时要以脚跟先着地，膝盖在脚步落地时一定要伸直，腰部要成为重心移动的轴线，双臂在身体两侧一前一后地自然摆动。

### （二）走姿的注意事项

1. 走路时

应避免不雅观的步态，避免体位失常。

2. 三人或更多人一起行走时

三人或更多人一起行走时，应避免排成横队或勾肩搭背。有急事要超过前面的行人时，不得跑步，可以大步超过，并在超越时向被超越者致意道歉。

3. 上下楼梯和陪客时

在上下楼梯时，应遵守"右上右下"规则，以方便对面上下楼梯的人。另外，还要注意礼让客人，如上下楼梯时，出于礼貌，可以请对方先行。在陪同引导中，如果是一位男士和一位女士同行，上楼梯时男士应行在后，下楼梯时男士应行在前。

## 五、手势

**递接物品注意事项**

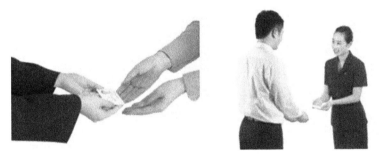

图 2-16　递接物品的手势

1. 双手递接

一般来讲，递接物品用双手为最佳。用左手递接物品，通常被视为是失礼之举。

2. 递利器给人

将带刀或其他易于伤人的物品递给他人时，切忌以尖、刃直指对方。合乎礼仪的做法是，使尖、刃朝向自己，或是朝向他处。

3. 远距离递接

递接物品时，如果双方相距过远，应主动走近对方；假如自己是坐着的话，还应该尽量在递接物品时起身站立。

4. 方便他人

递给他人的物品，应直接交到对方手中为好。同时，在递物时应让对方便于接取。在将带有文字的物品递交给他人时，还应使正面朝向对方。（如图 2-16）

## 社交礼仪

### 小知识

**国际通行的一般手势**

大拇指伸出，在中国表示胜利、佩服、第一、首领等；在日本表示男人、父亲；在美国、荷兰、澳大利亚、新西兰等国表示幸运；在印度、德国则表示想搭车。拇指向下一般都表示品德不好、坏或不成功，而在英国、美国，拇指向下表示不同意；在法国表示死了；在印尼、缅甸等国则表示失败。

伸出中指，菲律宾表示愤怒、轻蔑；美国、法国、新加坡表示下流；沙特则表示恶劣行为或极度不快。

向上伸食指，中国表示数字"一"或请注意；美国表示请稍等片刻；法国是学生请求发言的表示；缅甸表示最重要；日本表示最优秀。

小指伸出，中国表示渺小、看不起；日本表示女人、小孩儿；韩国表示女朋友；而缅甸、印度一带则用来表示厕所；菲律宾表示小人物。

食指弯曲，中国表示数字"九"；日本表示小偷；泰国、朝鲜表示钥匙；印尼表示心肠坏；墨西哥则用来表示金钱。

伸出中指压在食指上，在中国表示数字"十"；菲律宾、马来西亚、新加坡、美国、法国、墨西哥等表示祈祷；荷兰表示发誓；斯里兰卡表示邪恶；而在中国香港地区则表示关系密切。

用拇指和食指搭成圆圈，在日本、韩国、缅甸等均表示金钱；美国表示同意或成功；印尼则相反，表示不成功、傻瓜、无用；而在巴西则表示肛门。

注意：切忌伸一根手指头指人或指路，这是没有教养的表现。

### 【拓展训练】

**案例分析一：**

有一次，一位实习记者去约访星辰集团总裁。约会时间到了，首先来的却是总裁秘书，他对记者说："对不起，请您再等几分钟，好吗？"记者以为总裁的会议还没有开完，便又耐心地等了一会儿。

几分钟之后，这位总裁满面春风地走出来与记者握手寒暄，并带着歉意说："刚才我在主持一个很重要的会议，表情很紧张也很严肃，散会后带着这样一副表情来见一位不是很熟的人，担心会给你留下一个不好接近的印象，而且也有失礼貌。所以，我又对着镜子休整了片刻，等心情和面孔都恢复正常了，才出来和你见面。实在对不起，让你久等了。"

请分析该总裁对社交场合中微笑魅力的理解。

**案例分析二：**

飞机起飞前，一位乘客请求空姐给他倒一杯水吃药，空姐很有礼貌地说："先生，为了您的安全，请稍等片刻，等飞机进入平衡飞行后，我会立刻把水给您送过来，好吗？"

十五分钟后，飞机早已进入平衡飞行状态。突然，乘客服务铃急促地响了起来，空姐猛然意识到：糟了，由于太忙，她忘记给那位乘客倒水了。空姐来到客舱，看见按响服务铃的果然是刚才那位乘客，她小心翼翼地把水送到那位乘客面前，微笑着说："先生，实在对不起，由于我的疏忽，延误了您吃药的时间，我感到非常抱歉。"这位乘客抬起左手，指着手表说道："怎么回事，有你这样服务的吗？你看看，都过了多久了？"空姐手里端着水，心里感到很委屈，但是，无论她怎么解释，这位挑剔的乘客都不肯原谅她的疏忽。

接下来的飞行途中，为了弥补自己的过失，每次去客舱给乘客服务时，空姐都会特意走到那位乘客面前，面带微笑地询问他是否需要水，或者是否需要别的什么帮助。然而，那位乘客余怒未消，摆出不合作的样子，并不理会空姐。

临到目的地前，那位乘客要求空姐把留言本给他送过去，很显然，他要投诉这名空姐。此时空姐心里很委屈，但是仍然不失职业道德，显得非常有礼貌，而且面带微笑地说道："先生，请允许我再次向您表示真诚的歉意，无论您提出什么意见，我都会欣然接受您的批评！"那位乘客脸色一紧，嘴巴准备说什么，可是没有开口，他接过留言本，开始在本子上写了起来。

等到飞机安全降落，所有的乘客陆续离开后，空姐打开留言本，惊奇地发现，那位乘客在本子上写下的并不是投诉信，相反，这是一封热情洋溢的表扬信。

是什么使得这位挑剔的乘客最终放弃了投诉呢？在信中，空姐读到这样一句话："在整个过程中，你表现出的真诚的歉意，特别是你的十二次微笑深深打动了我，使我最终决定将投诉信写成表扬信！你的服务质量很高，下次如果有机会，我还将乘坐你们的这趟航班。"

讨论题：① 微笑的魅力何在？
② 微笑应注意什么？

社交礼仪

## 第三节 服饰礼仪

服饰本来是用作防寒保暖的，随着社会的进步，服饰已不仅是一种生活必需品，也是装饰人们躯体的美化物。服饰是一种无声的语言，显示着个人的社会地位、文化品位、艺术修养及待人处世的态度。著名的意大利影星索菲亚·罗兰曾深有感触地说："你的服装往往表明你是哪一类人物，它们代表着你的个性。一个和你会面的人往往自觉不自觉地根据你的衣着来判断你的为人。"可见，服饰礼仪在我们的生活中是一种无声的语言，时刻传递着人与人的交流。要想真正体现服装的交际价值，展示服装的力度和美，进而在交际场合最大限度地发挥服装的交际作用，必须掌握服装交际的原则。

### 一、基本知识

#### （一）服装的搭配原则

人们在交际中，有时由于时间、地点和场合的变化，需要随时更换不同的服装，以使服装具有一种"现场感"，容易被周围的人所接受。关于这一点，我们可以采用世界服装界所公认的"着装TPO"审美原则。TPO原则的概念原是日本男用时装协会（MFU）于1963年提出来的。TPO即英语"Time（时间）""Place（地点）""Object（场合）"的缩写，意思是说穿衣服要适应时间、地点和场合。当时，日本男用时装协会提出这个概念时，恰是在东京举行奥林匹克运动会的前一年，初衷是为了借助于运动会期间的国际礼装来推进日本男装的时装化。TPO原则一经提出，便迅速传播，渐渐普及，传遍了全世界。目前，TPO原则已经脱离了最初推行男装时装化的原意，进而包括男装、女装等在内的一切服饰文化，成为服装交际的原则之一。

1. 时间原则

时间是线型概念，泛指早晚、季节、时代等。穿衣要考虑这些因素，注重时间变化。比如冬、夏季节不同，既不能"为了俏，冻得跳"，也不能像个"捂汗包"，而应根据四季变化的特点，增减添脱各类服装，才显得变化有序、顺应自然。当然，着装要有时代特点，这更是毫无疑义的。不同时代有不同的服装，从而显示出不同时代的不同风格。

不同时段的着装对女士尤其重要。男士有一套质地上乘的深色西装或中山装足以"包打天下"，而女士着装则要随时间而变换。白天工作时女士应穿着正式套装，以体现行业性质，晚上出席宴会、酒会、舞会就需多加一点修饰，如穿一双高跟鞋，戴上有光泽的配饰，围一条漂亮的丝巾，等等。服装的选择既要适合季节和气候特点，还要保持和潮流同步。

2. 地点原则

地点是面型概念，地点原则即指因地制宜。不同国家、不同民族因其不同的文化背景、地理环境、历史条件、风俗人情，在服装上也显示出不同的格调与特色。对于这些，我们应有所了解，以便因地点的变化而选择不同的服装，表现尊重对方的思想情感，便于结交朋友、增进友谊、交换信息、开展业务。如北京某外贸公司一位女业务员，在去阿拉伯国家联系出口业务时，特意穿上素服，戴上头巾以不露出秀发，从而赢得了该国家客户的好感和信任，工作开展得十分顺利。

如果是在自己家里接待客人，可以穿舒适而整洁的休闲服；如果是去公司或单位拜访，穿职业套装会显得专业；如果是在外出旅行时，要顾及当地的传统和风俗习惯，如去教堂或寺庙等场所不能穿过露或过短的服装。

3. 场合原则

场合是线面兼容的概念，它体现了服装艺术最后效果的综合体。人们在交际中，所处的场合是千变万化的，相应地，着装也应根据场合的变化而变化。如在正式社交场合和外事活动中，男性可着西装，女性可着西装套裙，以显得高雅、蕴藉；在舞厅欢娱时，男性可着夹克衫或西装，女性可着连衣裙或裙装，以潇洒、俊美为前提；而在参加宴会时，则宜男性着西装、女性着裙装、西服套裙或旗袍，以显示华贵和气派；在与顾客会谈、参加正式会议时，衣着应庄重考究；在听音乐会或看芭蕾舞表演时，则应按惯例着正装；在朋友聚会、交游等场合，着装应轻便舒适。总之，选择服装应当顾及与社交场合的气氛和谐、统一。

### （二）男士服饰礼仪

1. 礼服

礼服泛指一切适合于在庄重场合里或举行仪式时所穿的服装。重要活动中经常穿的礼服有以下几种。

（1）燕尾服

燕尾服又称大晚礼服，是最常见、最能够修饰身材的礼服种类。其特色是前短后长，前身长度及于腰际，后摆拉长，可表现出修长的双腿，并有收缩腰身的效果。裤子为黑色，左右两侧有黑缎带。白色硬胸式或百叶式衬衫，硬领而折角。配皮革或棉质白色手套，白色横领结，黑色袜子，黑色皮鞋。（如图2-17）燕尾服是正式礼服的一种，在晚间六点以后穿着。燕尾服礼服除了要配上背心外，也可搭配上胸针和领巾，以增加正式及华丽感。

**图 2-17　燕尾服**

(2）平口式礼服

平口式礼服也称王子式礼服，单排扣和双排扣都可以，它不及燕尾服与晨礼服正式，可用于宴会派对上穿着。平口式礼服的特色是裁剪设计较类似于西装，适合身材较为瘦高的男士穿着。平口式礼服的正式穿法，是外套和衬衫、长裤，搭配腰封、领结。（如图2-18）

图2-18　平口式礼服

（3）晨礼服

晨礼服又称英国绅士礼服，是三种礼服中最为正式的一种。其上衣长与膝齐，胸前仅有一扣，黑色，亦有灰色。背心一般多为灰色，以配黑色上装，如上装为灰色则配黑色背心。裤为深灰色，带黑条纹。特色是外套剪裁成优雅的流线型，充满了贵族感，因此，较适合有书卷气或是整体气质不错的男士穿着。晨礼服的正式穿法，是外套、衬衫、长裤搭配背心与领结、黑袜、黑色皮鞋。（如图2-19）

图2-19　晨礼服

（4）中山装

中山装是我国男士的传统礼服。为封闭领口，前门襟有5个纽扣。

领口有风纪扣，左右、上下各两个贴袋。作礼服时，通常用上下身同色的深色毛料精制，配以黑色皮鞋。（如图2-20）

2. 西装

西装最早出现于欧洲，清朝末年随着洋务运动的兴起传入我国。西服在造型上表现出线条活泼而流畅，使穿着者潇洒自然，风度翩翩，富有健美感；结构造型与人体活动相适应，使人的颈、脑、腰等部位平展、舒坦，更有挺括美；胸

图2-20　中山装

前饰有领带，色彩夺目，更给人一种飘逸的美感。因此，西服是举世公认的既美观大方，又穿着舒适的服装。因为它既正统又简练，且不失风度气派，所以已经发展成为当今国际标准通用的礼服。要使自己所穿着的西装真正称心合意，就必须在西装的款式、穿法、搭配等方面严守规范。

（1）西装的款式

西装的具体款式，主要有两种常见的区分方法。

① 按件数划分。西装分为单件和套装。依照惯例，单件西装是一件和裤子不配套的西装上衣，仅适用于非正式场合。在正式的商务交往中所穿西装套装包括一衣和一

裤；三件套西装套装包括一衣、一裤和一件马甲。按照传统观点，三件套西装比起两件套西装来，显得更正规。一般参加高层次的对外活动时，穿三件套更为正规。（如图2-21）

② 按照西装上衣的纽扣数量来划分。西装上衣分为单排扣和双排扣。单排扣的西装上衣比较传统。最常见的有一粒纽扣、两粒纽扣和三粒纽扣这三种。一粒纽扣和三粒纽扣的单排扣西装上衣穿起来比较时尚，而两粒纽扣的单排扣西装上衣就显得更为正统一些。双排扣的西装上衣比较时尚。最常见的有两粒、四粒、六粒纽扣三种。

图2-21　西装

（2）穿着西装的注意事项

① 拆除商标。穿西装前，要把上衣左袖口的商标或质地的标志拆掉。

② 扣好纽扣。不管穿什么衣服都要注意把扣子扣好。而穿西装时上衣纽扣的系法讲究最多。通常，系西装上衣纽扣时，单排两粒纽扣，只要系上边那粒。单排三粒纽扣的可以只系中间的或上面两粒扣子。但双排扣西装要求把所有能系的纽扣全部系上。西装马甲只能和单排扣西装上衣配套。

③ 避免卷挽。不可以当众随心所欲地脱下西装上衣，也不能把衣袖挽上去或卷起西裤的裤筒；否则，就显得粗俗、失礼。

④ 少装东西。为使西装在外观上不走样，西装口袋就要少装甚至不装东西。上衣、马甲和裤子也要这样。西装上衣的外胸袋除了放用来装饰的真丝手帕以外，不要再放其他东西。内侧的胸袋，可以放钢笔、钱夹或名片夹，但不要放过大过厚的东西。外侧下方的两大口袋，原则上不放东西。西装背心的口袋多起装饰作用，一般只放怀表。西装裤子侧面的口袋只可以放纸巾、钥匙包或小钱包。裤子后侧的口袋，最好什么也不放。

⑤ 掌握四不要。衣袖不要太长，最好是在手臂向前伸直时，衬衫袖子要露出2～4厘米；衣领不要过高，一般在伸直脖子时，衬衫领口以外露2厘米左右为宜；雨天可以不穿西装，特别是西装上衣淋湿后，很容易变形；西装最好准备两套以上轮流穿，保持西装式样不变，并可减少衣服的磨损，自己也会有新鲜感。

⑥ 巧配内衣。西装的标准穿法是内穿衬衫，衬衫内不穿棉纺或毛织的背心、内衣。如果确实需要在衬衫内穿其他衣物时，以一件为限，否则会显得很臃肿。色彩上要和衬衫的色彩相仿，至少也不要比衬衫的色彩深，免得"反差"鲜明。内衣的领口和袖口要比衬衫的领口低、袖口短，以免内衣外露。冬天也最好穿上一件"V"领的单色羊绒衫或羊毛衫，这样既不显得花哨，也可以打领带。现在很多人会去选择各类保暖衬衫、内衣，因此不用担心穿得太厚。西装的韵味，不是仅靠穿出来的，而是和其他衣饰一道

精心组合搭配出来的。

⑦ 质量为先。选择西装,最重要的不是价格和品牌,而是包括面料、裁剪、加工工艺等在内的许多细节。虽然机器的加工已经很不错,但西服的一些部分还是手工制作的好。首先,度身裁剪的西服合体程度是成衣不能相比的,在缝衣领、制衬里和袖子方面,好裁缝的手艺是无可代替的。

⑧ 要注意看西服的线缝和口袋是否对齐,尤其是细条纹西服,关键部位是否匀称是观察西服质量的要点。在面料上,应该首先考虑天然面料,千万别选不透气的人造纤维,否则会有在蒸笼中生活的感受。毛料当然是首选,除非是夏装,况且轻薄的毛料也比全棉、亚麻或真丝面料更有面子,也更挺括、耐穿。

⑨ 穿西服要讲究整体美。衬衫要保持整洁、无褶子,衬衫的下摆必须塞在裤子里。还要顾及装饰物、鞋、袜等与西服的合理搭配。一般来说,穿西服不宜穿花袜子,以便保持端庄的风格。不能穿便鞋、塑料凉鞋或拖鞋,最好穿皮鞋,方可展示"西装革履"的风度美。西裤的穿着也有讲究。西裤作为套装整体的一部分,要求与上装相协调。西裤腰的尺寸必须合适,以裤腰间插进一手掌为宜。裤长以裤脚接触脚背为妥,忌裤长过鞋跟接触地面。

⑩ 西服的穿着要受交际场合的制约。穿着的方法,一般是根据国外的礼节,按照正式、半正式和非正式等场合来分的。正式场合,如宴会、招待会、重大会议、婚丧事及特定的晚间社交活动等,应穿西服套装,颜色以深色为宜,以示严肃、庄重、礼貌。半正式场合,如访问、较高级会议和白天举行的较隆重的活动,通常也应穿西服套装,取浅色或明度较高的深色为好。在非正式场合,如外出旅游、上街购物、访亲问友等活动,可以穿上下不配套的西服,宜选择款式活泼、明朗、轻便、华美的色调。

(3) 西装的搭配

① 领带。领带作为男士服饰的一部分,充分体现了服装饰品的丰富内涵,它是西服最抢眼的部分,别出心裁的搭配会起到画龙点睛的效果。首先,领带长度要合适,打好的领带尖端应恰好触及皮带扣,领带的宽度应该与西装翻领的宽度和谐。其次,领带的图案、颜色要与西服相配。如印有几何图案的领带应该选择与西装同色系或对比色系配搭,领带上的圆点、网纹或斜条的颜色应选择与衬衫相同的颜色。最后,领带质地要好。丝是领带质地的首选,虽然其颜色挺鲜亮,但不耀眼,使用这种领带几乎可以适合任何地点和场合。

② 衬衫。衬衫的领型、质地、款式都要与西装协调,色彩应与个人的气质相符合。一般而言,衬衫以淡色为多,最佳选择是白色,可以配所有颜色的西装。穿衬衫时应注

图 2-22 衬衫、领带

意领口和袖口要干净，纯白色和天蓝色衬衫一般是必备的。普通衬衫的袖口一般要露出西装 1/4 厘米，如果穿带袖扣的衬衫，则应露出 1/2 厘米。软领衬衫不适宜配西装，西装穿好后，衬衫领应高出西装领口 1～2 厘米，领口露出部分与袖口露出部分应呼应，有一种匀称感，同时可以避免弄脏西装。(如图 2-22)

③ 皮带。一般来说，穿单排扣的西服套装时，应该扎窄一些的皮带；穿双排扣的西装套装时，则扎稍宽的皮带较好。深色西装应配深色皮带，浅色西装配的皮带在色彩上没什么特别限制，但要避免佩戴休闲款式皮带。

④ 袜子。男士穿袜子最重要的原则是讲究整体搭配，在举手投足间，袜子永远是时装的配角，却是个人品位高低的重要依据。男袜的颜色应该是基本的中性色，并且比长裤的颜色深。如果西装是灰色的，可以选择灰色的袜子；海军蓝色的西装就应该配海军蓝色的袜子；米色西装配较深的茶色或棕色袜子。在西装革履的打扮中，袜子要薄款不透明的，颜色既可以配合皮鞋——黑皮鞋配深色袜，白皮鞋一定要配白色袜；又可以配合西裤色彩——西裤浅色，则袜子也以浅色为宜。

⑤ 鞋。皮鞋在男士的整体着装中占重要地位，它不仅能反映出服饰的整体美，更重要的是还能增加人体本身的挺拔俊美。一般来说，鞋子的颜色应与服饰相配。在正式场合，男士多穿没有花纹的黑色平跟皮鞋。黑皮鞋可配任何色调的服装；浅褐色与褐色皮鞋可以配米色、咖啡色调的西服，但与黑色西服不般配。同时，要注意使皮鞋时刻保持光亮、干净。

⑥ 手表。男士出现在公共场合时，一般情况下身体不着装的部位只有头和手，其余部分都被服装、鞋袜遮盖着。手部会有较多的动作，如握手、递接名片、拿东西、挥手作别等，所以手表对于男士来说是非常重要的，发挥着特殊的装饰作用。选戴手表要与身份和场合相协调，男士参加各种正式活动，特别是参加公务活动、商务活动和涉外活动时，除了穿着一套得体的西装外，千万不要忘记戴上一只手表，它将证明你是一位务实的、有时间概念的、训练有素的人。

### 小知识

西服可分为三个流派：美国型、欧洲型和英国型。美国型西服的特点是重视功能性，肩部不用过高的垫肩，胸部也不过分收紧，形态自然，而且大多使用伸缩自如的针织或梭织面料，比较薄，且富有弹性。欧洲型西服与美国型相比，更重视服装的优雅性，肩部垫得很高，胸部也较突出，多使用较厚的面料，通常为全里。英国型西服与欧洲型类似，但肩部与胸部不那么突出，穿起来有一种绅士派。

### （三）女士服饰礼仪

作为现代女性，社交场合中的得体服饰与其大方的妆容会相得益彰，给他人留下良好的印象。得体漂亮的服饰不仅让人感受到生活的美好，还可以让人们领会到女性对生活的态度及对他人的尊重。

1. 礼服

（1）大晚礼服

大晚礼服是一种最正式的礼服，主要适用于在晚间举行的最正式的各种活动，如官方举行的正式宴会、大型正式的交际舞会等。大晚礼服为袒胸露背的单色无袖连衣裙式服装，从正面看，穿着者的脖颈、双臂及前胸以上部分暴露在外；从背面看，穿着者的双肩甚至自肩部至腰际全部裸露在外，其下摆可长及拖地或刚及地面（如图2-23）。大晚礼服的面料多为高档的薄纱或绸缎，色彩必须为单色。穿大晚礼服有时还要有一副薄纱或网眼的长手套相配，耳环、项链等饰品也是不可少的。

图2-23　大晚礼服

（2）小晚礼服

小晚礼服的地位仅次于大晚礼服，主要适用于参加晚上6点钟以后举行的宴会、音乐会或观歌剧时穿，也是一种质地高档、色彩单一的露背连衣裙式服装。着小晚礼服时，前胸暴露在外的肌肤相对少些，裙长至脚面而不拖地（如图2-24）。着装者可根据具体情况来选配长短适当的手套。

（3）晨礼服

晨礼服主要是在白天穿，适用于参加在白天举行的庆典、茶会、游园会和婚礼等，是质料、颜色相同的上衣与裙子的组合，也可以是单件连衣裙。

图2-24　小晚礼服

一般以长袖为多，而且肌肤暴露很少。与此搭配的是一顶合适的帽子，一副薄纱短手套，还可携带一只小巧的手包或拎包。

（4）旗袍

作为现代女性服装的旗袍，是由八旗妇女日常所穿的长旗袍演变而来的（如图2-25）。旗袍比较适合中国女性清瘦玲珑的身材特点，是具有中国特色的高档礼服。旗袍的样式很多，开襟有如意襟、琵琶襟、斜襟、双襟；领有高领、低领、无领；袖口有长袖、短袖、无袖；开衩有高开衩、低开衩；还有长旗袍、短旗袍、夹旗袍、单旗袍等。目前国内的旗袍在剪裁中都加入了很多西式剪裁方法，从而使旗袍更合体、更实用，堪称中国女性别具一格的特色服饰。女士在参加正式晚宴时，可以选择华丽的面料做成的旗袍；日常半正式工作场合与休闲场合，也可用旗袍分别搭配西式外衣、开襟毛衣、披肩围巾等，能够展示出不同的风格。

除此之外，同质、同色的长衣和长裙，款式上协调统一的西式套裙也可以作为礼服穿着，但要注意质地精良，款式色彩不宜过于复杂。参加国内举行的一般性仪式时，女士可着套裙（西式长袖与西裤的组合），只要颜色深、质厚，并且上下同质同色就不算失礼。但参加涉外活动时，还是以穿套裙为好，因为在有些国家，女士穿裤装是失礼的事。连衣裙也可以作为日间社交活动的礼服，但注意一定要选用单色、图案简洁、面料高档、质地厚实的连衣裙，同时裙长一定要过膝。

图 2-25　旗袍

2．职业装

职业装是职场女性的必备服饰，一套得体大方的装束不仅能提高女性的整体美感，还能让女性显得更成熟、稳重。职业女性在工作场所的着装有别于在其他场合的着装，尤其代表着一个企业、一个组织形象时，更要追求大方、简洁、纯净、素雅的风格。套装以其严整的形式、多变却不杂乱的颜色、新颖却不怪异的款式，成为职业女性最规范的职业装。

（1）套装的挑选

作为现代职业女性，在选择服装时，要首先考虑怎样能更好地体现组织形象。套装以其严整的形式、多变却不杂乱的颜色、新颖却不怪异的款式，成为职业女性最规范的职业装。套装分两种：一种是配套的，上衣和裙子同色同质地；另一种是不配套的，上衣与裙子色彩、质地均不同，但搭配协调。一般在正式或半正式场合，为表明自己对工作的严谨和认真，女性应穿配套套装。

职业女性在选择套装时要注意色彩和款式。在色彩的搭配上一定要避免过于鲜艳。套裙颜色的选择，主要根据自己的肤色特点。如肤色稍黑的，可选择比肤色较为明亮的服装，或浅蓝、白紫相间的花色，或黑白相间的条格服装；肤色稍黄的，可选择浅灰、粉红系列；肤色较黄的，可选择淡蓝、浅粉的浅色系列为佳。在重大社交场合，最庄重得体的套裙是藏蓝色，它不仅春夏秋冬四季皆宜，而且对不同肤色的人基本都适用。当然，想要使自己显得成熟稳重，穿一身灰色套裙也会不同凡响。套裙的款式非常多，选择时，既要根据自己体型的特点来确定裙装的整体造型，也要注意局部造型的修饰作用，这是突出自己个性特点的关键所在。如套装上衣的袋盖、衣领、袖口、衣襟，下装的开衩、收边等，都可在细微之处见风格。总之，在这两方面的选择上，要注意颜色简单和款式新颖。

套装是适用性非常广泛的女装，不同年龄层次的人穿着会显出不同的风度气质。因此，作为职业女性，一定要精心选择适合自己的套装，以便在工作和社交活动中尽显自己的魅力，树立良好的个人形象。

(2) 套装的搭配

① 衬衫。衬衫的选择非常重要，它既可以单独配裙穿，直接展现女性的美丽，也可以和套裙搭配，且能很好地烘托套裙的风采，增添魅力（如图 2-26）。因此，应根据自己的身材和季节特点的需要选择衬衫，对面料、色彩和款式要精心挑选。职业女性日常必备的正式场合穿的衬衫首先要讲究面料，因为在正式社交场合，女士套装或外套的质地都比较考究，以纯丝、纯毛为主。如果衬衫的面料质地太差，就会让人感到服装缺乏整体的协调感。其次色彩宜淡雅，尤其要注意与套装和外套在色彩方面和谐一致，以达到最佳的搭配效果。

正确的搭配　　错误的搭配

图 2-26

② 鞋。与套装搭配的鞋应选择牛皮质地为佳，皮鞋的颜色以黑色最为正式。此外，也可选择与套装色系一致的皮鞋。与套装搭配最常选的是高跟鞋，但是要注意不要选择鞋跟太高、太细的高跟鞋，因为那样走起路来会步履不稳。穿高跟鞋配窄裙时，女士的优雅身段容易展示，但不适宜在办公室场合穿着。在正式社交场所或隆重的场合，凉鞋特别是露着脚趾的凉鞋、赤脚穿凉鞋和拖鞋都是不可取的，其他鞋子基本都可以穿。女士在办公室，只能穿着正式的制式皮鞋，并且避免选择颜色鲜艳或浅色的皮鞋。

③ 袜子。鞋袜恰当的选择不仅可以体现女士的形体美，还能显示女士的魅力和内涵，提升女士的气质。在任何场合穿裙子都应当配长筒丝袜或连裤袜，颜色以肉色、黑色为宜。在任何场合都不能穿着挑丝、有洞或用线补过的袜子，这不仅是个人的内涵展现，而且是尊重别人的体现。女士应当在办公室或工作场所预备一两双袜子，以备袜子被钩破时换用。

一般情况下，皮鞋和裙子的颜色要略深于或略同于袜子的颜色，鞋和袜子的图案、装饰不宜过多，应以简单为好，避免"喧宾夺主"。同时，还要注意五个问题：一是鞋袜的大小要合适；二是鞋袜应完好无损；三是鞋袜不可当众脱下；四是不可当众整理丝袜；五是袜口不得短于裙子的下摆，避免"三截腿"。

④ 皮包。职业女性应选择适合自己的皮包，除了有实用功能外，皮包也具有装饰作用。皮包款式的设计以及做工能充分表现出职业女性的品位，不但使用时是一种享

受,大方新颖的款式也有助于提升职业女性的专业形象。咖啡色、黑色、深咖啡色、驼色、米色等中性色皮包适合与大多数色系的套装搭配。在选择皮包时,除了考虑时尚潮流外,更应该考虑到主要用途。

3. 饰品的搭配

在社交活动中,人们除了要注意服饰的选择外,还要根据不同场合的要求佩戴戒指、耳环、项链、胸针等饰品。

(1) 戒指

戒指一般只戴在左手,而且最好只戴一枚,至多戴两枚。戴两枚戒指时,可戴在左手两个相邻的手指上,也可戴在两只手对应的手指上。戒指的佩戴可以说是一种沉默的语言,往往暗示佩戴者的婚姻和择偶状况。戒指戴在中指上,表示已有意中人,正处在恋爱之中;戴在无名指上,表示已订婚或结婚;戴在小手指上,则暗示自己是一位独身者;如果把戒指戴在食指上,表示无偶或求婚。有的人手上戴了好几枚戒指,炫耀财富,这是不可取的。戴薄纱手套时戴戒指,应将戒指戴在手套内(新娘不受此限制)。

(2) 耳环

耳环是女性的主要首饰,其使用率仅次于戒指。佩戴时应根据脸型特点来选择耳环。如圆形脸不宜佩戴圆形耳环,因为耳环的小圆形与脸的大圆形组合在一起,会加强"圆"的信号;方形脸也不宜佩戴圆形和方形耳环,因为圆形和方形并置,在对比之下,方形更方,圆形更圆。

(3) 项链

项链也是受到女性青睐的主要首饰之一。它的种类很多,大致可分为金属项链和珠宝项链两大系列。佩戴项链应和自己的年龄及体型协调。如脖子细长的女士佩戴仿丝链,更显玲珑娇美;马鞭链粗实成熟,适合年龄较大的妇女选用。佩戴项链也应和服装相呼应。例如,身着柔软、飘逸的丝绸衣衫裙时,宜佩戴精致、细巧的项链,显得妩媚动人;穿单色或素色服装时,宜佩戴色泽鲜明的项链。这样,在首饰的点缀下,服装色彩可显得丰富、活跃。此外,胸针、手帕也可作为饰品使用,它们与衣服相配既有对比美,又有协调美,使人显得更有风度。

(4) 丝巾

伊丽莎白·泰勒曾说过:"不系丝巾的女人是最没有前途的女人。"奥黛莉·赫本说:"当我戴上丝巾的时候,我从没有那样明确地感受到我是一个女人,美丽的女人。"在服饰上搭配一条丝巾,既保暖、健康,又时尚、美观(如图2-27)。丝巾搭配亦大有学问,如白色外套配深蓝丝绒巾、灰色外套

图2-27 丝巾

配大红丝巾、杏黄色外衣配玫紫丝巾；当外套与丝巾色接近时，可用闪亮的别针来协调等。

(5) 香水

香水是一种混合了香精油、固定剂与酒精的液体，能散发浓郁、持久、悦人的香气，用来让人体部位拥有持久且悦人的气味。可增加使用者的美感和吸引力。建议出门前20分钟使用，在穿衣服前，让喷雾器距身体10～20厘米，喷出雾状香水，喷洒范围越广越好，随后立于香雾中5分钟；或者将香水向空中大范围喷洒，然后慢慢走过香雾。这样就可以让香水均匀落在身体上，留下淡淡的清香。或以点擦式擦于耳后、手腕内侧、膝后或小范围喷洒于脉搏跳动处，以便给人留下完美形象。

不要在阳光直射到的地方抹香水，因为酒精在暴晒下会在肌肤上留下斑点，此外紫外线也会使香水中的有机成分发生化学反应，造成皮肤过敏。香水中的香料为有机成分，易与金、银、珍珠反应从而使之褪色、损伤，因此香水不能直接喷于饰物上。可先喷香水后戴首饰。

### 小知识

**饰品的佩戴原则**

饰品佩戴是服饰礼仪的重要组成部分。饰品不仅具有美化功能，同时还能传播一定的信息，具有一定的象征意义。在社交场合，女士应了解饰品佩戴的一些特殊意义以及佩戴饰品的一些技巧。目前，女士的饰品世界丰富多彩、五花八门，大致有戒指、耳环、项链、手镯、脚链、胸针等。根据饰品的材料和质地又可分为三大类：矿质类，如钻石、宝石、玉、水晶、玛瑙、翡翠等；非矿质类，如珍珠、象牙、琥珀、珊瑚等；仿制品类，如玻璃制品、陶瓷制品、木制品、人造珍珠、人造宝石及镀银、镀金制品等。饰品佩戴应遵循以下原则。

1. 季节原则

饰品佩戴应考虑一年四季有别的原则。夏季以佩戴色彩鲜艳的工艺仿制品为好，可以体现夏日的浪漫；冬日则佩戴一些金、银、珍珠等饰品为好，可以显得庄重典雅。

2. 场合原则

女士赴宴或参加舞会等，可佩戴一些较大的胸针，以期达到富丽堂皇之效；而平日上班或在家休闲时，可佩戴一些小巧精致且淡雅的胸针、项链、耳环等。

3. 与服饰协调原则

饰品佩戴应与服饰相配。一般穿领口较低的袒肩服饰必须配项链，而穿竖领上装可以不戴项链。项链色彩最好与衣服颜色相协调。穿运动服或工作服时可以不戴项链或耳环。带坠子的耳环忌与工作服相配。

4. 与体型相配原则

脖子粗短者，不宜戴多串式项链，而应戴长项链；相反脖子较瘦长者，可以戴多串式项链，以缩短脖子长度。宽脸、圆脸型和戴眼镜的女士，少戴或不戴大耳环或圆形耳环。

5. 与年龄相符原则

年轻女士可以戴一些夸张的无多大价值的工艺饰品；相反，年纪较大的妇女应戴一些贵重的且比较精致的饰品，这样显得庄重、高雅。

6. 色彩原则

戴饰品时，应力求同色，若同时佩戴两件或两件以上饰品，应使色彩一致或与主色调一致，千万不要打扮得色彩斑斓，像棵"圣诞树"。

7. 简洁原则

戴饰品的一个最简单原则就是少而精，忌讳把全部家当全往身上戴，整个儿就像个饰品推销商，除了给人以俗气平庸的感觉外，没有任何美感。

佩戴饰品时，应根据以上几个原则，选择出一件或两件最合适的饰品，以达到画龙点睛之效。由于服饰是一个整体，服装与服装、服装与饰物、饰物与饰物三者之间在款式、材料和色泽上的成功匹配是服饰美化成功的基础。各种装饰用品与发型、脸型、肤色、年龄、环境的协调，将会取得更加良好的着装效果。佩戴饰物应力求完整，主体突出；若同时佩戴过多的饰物，不仅不会带来美感，反而会使人感觉杂乱无章。应根据不同的季节选用不同的装饰用品。春秋季可选戴耳环、胸针；夏季可选择项链和手链；冬季则不宜选用太多的饰品，因为冬天衣服过多而显得臃肿，饰品过多反而不佳。一般来说，在较为隆重、正规的场合，选用的饰品都应当档次高一些；如果用于商务场合，则不应过于鲜艳新潮，应精致而传统，以显示信誉。这个原则同样适用于整体服饰的佩戴。在商务场合，色彩鲜艳亮丽、造型新潮夸张的服饰容易给人产生不信任感；保守传统而做工精细的高档次服饰则会给人稳重老练的印象。

穿衣之道人人都可以学会，但是人的精神却无法模仿。仪表的美丽无法掩饰精神的真实状态，良好的精神状态能使人容光焕发。例如，有的人穿着简洁但气质非凡，有的人穿戴高贵但给人的感觉却是萎靡不振。台湾地区著名作家林清玄曾在其散文中谈道："三流的化妆是脸上的化妆，二流的化妆是精神的化妆，一流的化妆是生命的化妆。"当我们的精神因为乐观、自信、善良、热爱生活而变得美好时，我们就已经开始了为生命化妆的阶段。因此，精神永远是仪表的灵魂。

【拓展训练】

**案例分析一：**

2013届文秘专业毕业生韦庭亭在一家中日合资企业工作。2013年5月15日，公司组织员工外出郊游。韦庭亭是第一次参加公司的集体活动，她认真准备了一番。郊游这天，她穿着套裙，脚穿高跟鞋，显得自信又有活力。可在郊游途中，公司人员总是用异样的目光看着她，她不知是何处出了问题。

根据案例分析：韦庭亭在郊游中做错了什么？正确的做法是什么？

**案例分析二：**

祁超和几个外国朋友相约周末一起聚会娱乐，为了表示对朋友的尊重，星期天一大早，祁超就西装革履地打扮好，对照镜子摆正漂亮的领结前去赴约。北京的八月，天气酷热，他们来到一家酒店就餐，边吃边聊，大家好不开心快乐！可是不一会儿，祁超已是汗流浃背，不住地用纸巾擦汗。饭后，大家到娱乐厅打保龄球。在球场上，祁超不断为朋友鼓掌叫好，在朋友的强烈要求下，祁超勉强站起来整理好服装，拿起球做好投球准备，当他摆好姿势用力把球投出去时，只听到"嚓"的一声，上衣的袖子扯开了一个大口子，弄得祁超十分尴尬。

本案例中，祁超的着装有何不妥？他该如何着装？

## 思 考 题

1. 个人形象展示主要表现在哪几个方面？
2. 简述规范的站姿、坐姿、走姿、蹲姿的要点。
3. 着装的TPO原则是什么？
4. 简述西服的着装礼仪。
5. 女士着装应注意哪些礼仪？

# 第三章　餐饮之礼

讲究卫生、爱惜粮食、节俭用餐、食相文雅。

中国的饮食文化历史悠久，饮食礼仪自然成为饮食文化的一个重要组成部分。尽管过于繁复的用餐礼仪已被现代人简化，但传统的中式用餐礼仪对现代社会依然产生着影响，成为现代文明的重要行为规范，影响着世界餐饮文化。

## 第一节　餐饮基本礼仪

### 一、家居用餐基本礼仪

中国人用餐自古就是非常讲究文明礼貌的，所以我们不仅在参加宴会酒会时必须注意用餐礼仪，日常在家里吃饭也要讲究礼仪。下面介绍家居用餐的一些基本用餐礼仪。

1. 长辈优先

如果和长辈一起用餐，应让长辈先动碗筷用餐，或听到长辈说"大家一块吃吧"，你再动筷，不应抢在长辈的前面入座或动筷子。（如图3-1）如有人未到，应等候人到齐了一起吃饭。

图3-1　长辈先入席

**2. 端碗正确**

用碗吃饭时，要用手端起碗，大拇指扣住碗口，食指、中指、无名指扣住碗底，手心空着。不端碗而伏在桌子上对着碗吃饭，那样不但吃相不雅，而且压迫胃部，影响消化。

**3. 夹菜的顺序与礼仪**

夹菜时，应从盘子靠近或面对自己的盘边夹起，不要从盘子中间或靠别人的一边夹起，更不能用筷子在菜盘子里翻来倒去地"寻寻觅觅"，眼睛也不要老盯着菜盘子，一次夹菜也不宜太多。遇到自己爱吃的菜，不可如风卷残云一般地猛吃一气，更不能干脆把盘子端到自己跟前而大吃特吃，要顾及同桌的其他用餐人。如果盘中的菜已不多，你又想把它"打扫"干净，应征询一下同桌人的意见，别人都表示不吃了，你才可以把它吃光。

**4. 动作文雅**

夹菜时，不要碰到邻座，不要把盘里的菜拨到桌子上，不要把汤泼翻，不要将菜汤滴到桌子上。嘴角沾有饭粒，要用餐纸或餐巾轻轻抹去，不要用舌头去舔。咀嚼饭菜，嘴里不要发出"叭叭""呱叽呱叽"的声音。口含食物时，最好不要与别人交谈；开玩笑要有节制，以免口中食物喷出来，或者呛入气管，造成危险；确需要与他人谈话时，应轻声细语。

**5. 注意吃相**

食物要闭嘴咀嚼，细嚼慢咽，这不仅有利于消化，也是餐桌上的礼仪要求。绝不能张开大嘴而大块往嘴里塞食物，不能狼吞虎咽，更不能在夹起饭菜时，伸长脖子，张开大嘴，伸着舌头用嘴去接食物；一次不要放入太多的食物进嘴里，不然会给人留下一副馋相和贪婪的印象。

**6. 注意细节**

在吃饭过程中，吐出的骨头、鱼刺、菜渣，要用筷子或手取接出来，放在自己面前的桌子上，不能直接吐到桌面上或地面上。如果要咳嗽、打喷嚏，必须用手或手帕捂住嘴，并把头转向身体后方。吃饭嚼到沙粒或嗓子里有痰时，要离开餐桌去吐到垃圾桶里。

**7. 集中精神**

吃饭时要精神集中，有些年轻人喜欢在吃饭时看电视或看书报，这是不良的习惯，既不卫生，又影响食物的消化吸收，还会损伤视力。

**8. 敬老主动，厉行节俭**

在吃饭过程中，如需添饭，应尽量自己添饭，并应该主动给长辈添饭、夹菜。为别人夹菜要用公筷。遇到长辈给自己添饭、夹菜时，要起身道谢。吃不完的食物要打包。如需提前离席，要向长辈、客人礼貌打招呼。

## 二、学校食堂用餐基本礼仪

随着时代的发展，餐饮仅仅维持生存的原始功能已大大减弱了，人们比较重视餐饮向更加文明的方向发展。学校食堂就餐人数多，就餐时间集中，工作人员往往比较繁忙。所以，如何营造食堂环境，遵守食堂礼仪显得尤为重要。

1. 遵守秩序

自觉维持良好的就餐秩序，按先后顺

图 3-2  有序排队

序排队、依次购买，不喧哗、不嬉戏打闹、不拥挤，讲文明、讲礼貌、言谈举止得体。（如图3-2）如遇师长，主动问好。餐后主动将餐具放入回收车，安静有序离开。

2. 珍惜点餐时间

如点餐人多时，应事先想好打算点什么菜，以及应对万一所点的菜卖完了的第二方案，不要等到了柜台跟前再慢慢考虑，耽误后面人的时间。饭卡要拿在手里，不要等到该付账时，再在每个口袋翻找。

点完菜之后，要耐心等待，不要急声催促；与工作人员讲话时要注意礼貌用语；待工作人员送过饭菜时要说一声"谢谢"。

3. 文明就餐

互相谦让，爱护公物，文明就餐，坐姿端正、不架腿、不玩手机，不喧哗、不打闹、不随意走动，不敲打桌子、不敲打碗筷，不随意夹别人餐盘中的饭菜，要细嚼慢咽，嘴里含饭菜则不讲话，食相文雅。（如图3-3）不要对着餐桌打喷嚏或咳嗽，如有特殊情况实在忍不住，要把头转个方向，并用餐巾或手帕遮口，然后向临近的同学道声"对不起"。餐后不要不加控制地打饱嗝儿。需要剔牙时，要用手遮口。

图 3-3  文明用餐

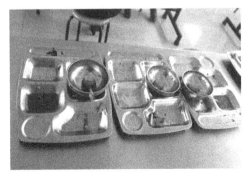

图 3-4  光盘行动

4. 讲究卫生

不乱扔饭菜，保持桌面、地面清洁，用餐后主动整理归放餐具。

**5. 节俭用餐**

取食适量，不剩饭、不剩菜，爱惜粮食，厉行"光盘"（如图3-4）。进餐时应注意节约粮食。所购买的饭菜，以吃饱为度，不要超量购买，以免吃不完造成浪费。

**6. 尊重工作人员**

食堂工作人员的劳动直接关系到同学们的健康，他们无论是白天黑夜还是酷暑严寒，都早起晚睡，常年如一日地工作在艰苦的环境中。所以，应尊重他们的劳动，珍惜他们的劳动成果，主动协助他们搞好食堂的工作，与他们友好相处，以礼相待。

吃饭时，如发现饭菜有质量问题或异物，可找有关管理人员有礼貌地说清楚，以帮助食堂改进工作，提高服务质量。不可感情冲动，大发脾气，失去理智，吵闹不休。如果一味坚持粗暴无理的态度，不但不利于问题的解决，而且还会引起食堂工作人员的反感，甚至造成学生与食堂工作人员之间的关系恶化。

## 第二节　中餐礼仪

### 一、中餐餐具使用礼仪

中餐上菜顺序为：冷盘—主菜—汤—面类或米饭—甜品或水果。中餐的餐具比较简单，但是餐具使用的礼仪细节需要注意。中餐的餐具主要有筷、勺、盘、碗、杯五种。

**1. 筷子**

筷子是中餐最主要的餐具，使用筷子，通常必须成双使用。用右手执筷，用拇指、食指、中指三指前部，共同捏住筷子的上端约三分之一处（如图3-5）。在使用筷子的时候，筷子的两端一定要对齐。用餐前筷子一定要整齐码放在饭碗的右侧，用餐后则一定要整齐地竖向码放在饭碗的正中。在与人交谈时，要暂时放下筷子，不能一边说话，一边挥舞筷子；不要把筷子竖插在食物上面（祭奠死者）；不"横放"筷子（逐客）；不要用筷子剔牙、挠痒或当众摆弄筷子。

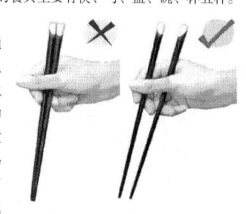

错误　　　正确

图3-5　筷子的使用

客人不要急于动筷子，应等主人举筷后再开始用餐。取菜时应让主宾先取，然后按顺序轮流取。遇到别人夹菜时，要注意避让，以免"筷子打架"。

### 2. 勺子

勺子的主要作用是舀取菜肴、食物（如图3-6）。有时，用筷子取食时也可以用勺子来辅助。用勺子取菜时，不要盛得太满，免得菜溢出来弄脏桌子或衣服。有时候，可以在勺子盛菜后稍微停留片刻，等汤汁不流时再移向自己。暂时不用勺子时，应将勺子放在自己的碟子上，不要把它直接放在餐桌上，或插在食物中。用勺子取食后，要立即食用或放在自己碟子里，不能再把食物倒回原处。不要把勺子塞到嘴里，或者反复吮吸舔食勺子。

图3-6　勺子

### 3. 盘子

中餐的盘子有很多种，大一些的用于盛放公共菜品，一般要求保持原位，不需移动；稍小点儿的盘子叫食碟，主要用于盛放个人食物（如图3-7）。食碟的主要作用，是用来暂放从公共的菜盘里取来享用的菜肴的。用食碟时，一次不要取放过多的菜肴，不吃的残渣，如骨、刺等不要吐在地上或桌上，而应轻轻取放在食碟前端，放的时候不能直接从嘴里吐在食碟上，要用筷子夹放到碟边。如果食碟里堆放满了，可以让服务员换一个。

图3-7　盘子

### 4. 碗

碗主要是用来盛放主食、羹汤的（如图3-8），所以要注意以下一些礼仪细节：不能双手端起碗来进食；不能向碗里乱扔废弃物；不能将碗倒扣在桌上，切勿直接下手，或不用任何餐具以嘴取食；碗内有食物剩余，不可将其倒入口中或伸舌头乱舔。如果汤是单独由带盖的汤盅盛放的，表示汤已经喝完的方法是将汤勺取出放在垫盘上，把盅盖反转平放在汤盅上。

图3-8　碗

### 5. 杯具

中餐的水杯主要用于盛放清水、果汁、汽水等软饮料（如图3-9）。注意不要用水杯盛酒，也不要倒扣水杯。另外，需注意喝进嘴里的东西不能再吐回水杯里，这样是十分不雅的。

图3-9　水杯

> **小知识**

### 中餐的习惯与迷信有何关系

客人与传统的中国家庭同桌用饭,须尊重他们的文化、礼仪及习俗,用饭时注意不要触犯多样的禁忌。因为中国人认为饮食与个人命运几乎息息相关,用饭时犯了禁忌,便会惹来霉运。如在沿海一带吃鱼,当吃完了一面鱼身,不要用筷子把整条鱼翻转至另一面,他们认为若翻鱼时弄破鱼身,便意味着渔船会翻沉。此外,中国人从不会端上七碟菜肴用饭,因为葬礼后的"解慰酒"须有七碟菜肴;不可用筷子垂直插入碗饭中央,因这样有点像在拜祭祖先;用饭后不可说"我吃完饭了",这意味自己已死去,不会再有机会吃饭,而应该说"我吃饱了";吃饭时避免筷子触碰饭碗而发出声音,这不单是不礼貌,也意味着"无饭吃";要培养吃光碗中饭菜的习惯,一粒饭也不可以剩余在饭碗里,否则将来的太太或丈夫会是"痘皮脸",也显得不尊重辛勤耕种的农夫。这些迷信的饮食习俗流传至今,或多或少仍然作为中国人的饮食礼仪而受到人们的推崇。

## 二、中餐位次礼仪

位次礼仪是中国餐饮文化的重要组成部分。餐饮宴请中,不同的位次代表用餐者不同的身份,所以在安排座次时有一定的讲究。

### (一)主位

1. 每桌只有一个主位的排列方法

一般遵循"面门为上"和"以右为尊"的原则,主人在主位上就座,第一主宾坐在主人的右手位置,第二主宾坐在主人的左手位置。其余客人按此顺序排列下去。(如图 3-10)

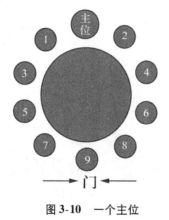

图 3-10　一个主位

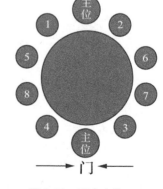

图 3-11　两个主位

2. 每桌有两个主位的排列方法

如果每桌有两个主位的时候，第一主人坐在面对正门的位置，第一、第二主宾分别坐在其右手和左手的位置。第二主人则坐在背对正门的位置，第三、第四主宾分别坐在其右手和左手的位置 。（如图 3-11）

总的来说，所见较多的位次的排列，主要遵循以下方法：

① 面门为上。

② 右高左低。

③ 中座为尊。

④ 观景为佳。

⑤ 临墙为好。

（二）桌次

1. 两桌组成的小型宴请

（1）当两桌横排时，面对正门右边的为第一桌，左边的为第二桌，即遵循以右为尊、以左为卑的原则。（如图 3-12）

（2）当两桌竖排时，桌次高低讲究离正门越远的桌次越高，离正门越近的桌次越低，即遵循以远为上、以近为下的原则 。（如图 3-13）

图 3-12　两桌横排　　　　　　　　图 3-13　两桌竖排

2. 三桌或三桌以上的宴请活动

在安排多桌宴请的桌次时，要注意遵循以门定位、以右为尊、居中为大、以远为上等原则。

① 当三桌横排时，中间那桌的桌次最高，面对正门的右桌的桌次为第二，面对正门的最左边的桌次为第三，即遵循居中为大、以右为尊的原则。（如图 3-14）

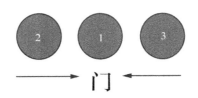

图 3-14　三桌横排

② 当三桌竖排时，中间的那桌为第一桌，接着是离门最远的为第二桌，最后是离门最近的为第三桌，即遵循以中为大、以远为上的原则。（如图3-15）

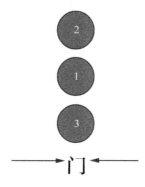

图 3-15　三桌竖排

③ 当三桌以上的桌次进行排列时，讲究面门定位、以右为上、居中为上、以远为上等原则。（如图3-16）

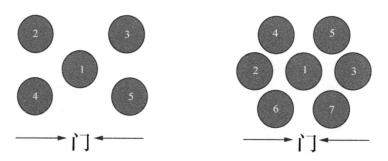

图 3-16　三桌以上排

## 三、中餐酒水礼仪

酒是人们熟悉的含有乙醇的饮料，水是餐饮业的专业术语，指非酒精类的饮料，包括茶、咖啡、可可、果汁、碳酸饮料等。

俗话说"无酒不成席"，如果在中餐宴请中少了酒，则会让来宾感到无酒不欢、无酒不敬，少了许多助兴的气氛。

### （一）饮酒礼仪

侍者不在场，主人或年轻者要为宾客、长辈斟酒。在饮酒特别是祝酒、敬酒干杯时，需要有人率先提议，宴请中有权利首先举杯的是主人。

提议干杯时，应起身站立，右手端起酒杯，或者用右手拿起酒杯后，再以左手托扶杯底，面带微笑，注视其他人特别是自己的祝酒对象，嘴里同时说着祝福的话。碰杯的顺序是首先主人和主宾碰杯，而后主人一一与其他宾客碰杯，即使是滴酒不沾，也要拿起杯子做做样子。将酒杯举到与眼睛差不多高的高度，说完"干杯"后，将酒一饮而尽或喝适量；然后，手拿酒杯与提议者对视一下，这个过程才算结束。

在中餐里，干杯前，可以象征性地和对方碰一下酒杯；碰杯时，应该让自己的酒杯低于对方的酒杯，表示你对对方的尊敬。当你离对方比较远时，可以用酒杯杯底轻碰桌面，也可表示和对方碰杯。如果主人亲自敬酒，干杯后，客人应回敬主人，与主人再干一杯。如果因为生活习惯或健康等原因不适合饮酒，也可以委托亲友、部下、晚辈代喝或者以饮料、茶水代替。作为敬酒人，应充分体谅对方，在对方请人代酒或用饮料代替时，不要非让对方喝酒不可，也不应该好奇地"打破砂锅问到底"。别人没主动说明原因就表示对方认为这是他的隐私。

### 小知识

#### 碰杯的来历

古希腊人注意到在举杯饮酒时，人的五官都可以分享到酒的乐趣：鼻子能闻到酒的香味，眼睛能看到酒的颜色，嘴巴能品尝到酒的味道，舌头能辨别酒的甘甜或麻辣，而只有耳朵被排除在这一系列享受之外。怎么办呢？希腊人想出一个办法，在喝酒之前，互相碰一下酒杯，杯子发出清脆的响声传到耳朵中。这样，耳朵就也能享受喝酒的乐趣了。

### （二）饮酒的注意事项

1. 众欢同乐

大多数酒宴宾客都较多，所以应尽量多谈论一些大部分人能够参与的话题，得到多数人的认同。因为每位个体的兴趣爱好、知识面不同，所以话题尽量不要太偏，避免一个人滔滔不绝，而忽略了他人。要注意不要与人贴耳小声私语，给别人一种神秘感，会使他人受到冷落，而影响喝酒的心情。

2. 结交朋友

大多数酒宴都有一个主题，也就是喝酒的目的。赴宴时首先应环视一下各位的神态表情，分清主次，不要单纯为了喝酒而喝酒，而失去交友的好机会，要了解邀请方的目的，敬酒照顾大局。要想在酒桌上得到大家的赞赏，就必须学会察言观色，适时交流。

3. 语言得当

酒桌上可以显示出一个人的才华、常识、修养和交际风度，有时一句诙谐幽默的话语，会给别人留下很深的印象，使人无形中对你产生好感。所以，应该知道什么时候该说什么话，语言得当，诙谐幽默很关键。

#### 4. 劝酒适度

在酒桌上往往会遇到劝酒的现象，有的人总喜欢把酒场当战场，想方设法劝别人多喝几杯，认为不喝到量就是不实在。以酒论英雄，对酒量大的人还可以，酒量小的人可就犯难了，有时过分地劝酒，会将原有的朋友感情完全破坏。（如图 3-17）

图 3-17　劝酒适度

#### 5. 分清次序

敬酒也是一门学问。一般情况下敬酒应以年龄大小、职位高低、宾主身份为序，敬酒前一定要充分考虑好敬酒的次序，分清主次。与不熟悉的人在一起喝酒，要先打听一下对方的身份或者留意别人如何称呼对方，做到心中有数，避免出现尴尬的局面。敬酒时一定要把握好敬酒的顺序，如果在场有身份高或年长的人，那么就要先给尊者、长辈敬酒。

#### 6. 饮酒适量

酒席宴上要看清场合，正确估计自己的实力，不要太冲动，不要喝得酩酊大醉。（如图 3-18）尽量有所保留，既不让别人小看自己，又不要过分地表露自身，选择适当的机会，逐渐放射自己的锋芒，才能稳坐泰山。

图 3-18　饮酒适量

### （三）敬茶礼仪

茶是我们中华民族的国饮，位居世界三大饮料之首。在我国，自古就有以茶待客的风俗，客来敬茶是我国人民传统的、最常见的礼节。早在中国古代，不论茶饮的方法如何简陋，客人进门，敬上一杯热茶，即表达了主人的一片盛情。在我国历史上，不论富贵之家或贫困之户，不论上层社会或平民百姓，莫不以茶为应酬品。饮茶在我国不仅是一种生活，也是一种文化传统，并形成了相应的饮茶礼仪。在现代社会中，上茶仍是待客礼仪的重要环节，宾主双方把盏而谈，无形中活跃了气氛，增进了情感。所以，掌握一定的饮茶礼仪十分必要。

我国有"浅茶满酒"的讲究，一般倒茶或冲茶至茶具的 2/3 到 3/4 左右（如图 3-19），如冲上满满一杯，不但烫嘴，还寓有逐客之意。泡茶水温也要因茶而异，乌龙茶须用沸水冲泡，并用沸水预先烫杯；其他茶叶冲泡水温为 80°C～90°C，细嫩的茶末冲泡水温还

图 3-19　浅斟茶

可再低点。

敬茶要有礼貌。一定要洗净茶具，切忌用手抓茶，茶汤上不能飘浮一层泡沫和焦黑黄绿的茶末，更不要使粗枝大叶横于杯中，茶杯无论有无柄，端茶一定要在下面加托盘，敬茶时温文尔雅、笑容可掬、和蔼可亲，双手托盘，至客人面前，躬腰低声说"请用茶"，并用双手接回茶托。有两位以上的访客时，用茶盘端出的茶色要均匀，并要左手捧着茶盘底部，右手扶着茶盘的边缘；如有茶点，应放在客人的右前方，茶杯应摆在点心右边。上茶时应以右手端茶，从客人的右方奉上，并面带微笑，眼睛注视对方。以咖啡或红茶待客时，杯耳和茶匙的握柄要朝着客人的右边。此外，要替每位客人准备一包砂糖和奶精，将其放在杯子旁或小碟上，方便客人自行取用。当然，喝茶的客人也要以礼还礼，双手接过，点头致谢。品茶时，讲究小口品饮，一苦二甘三回味，其妙趣在于意会而不可言传。做客饮茶，也要慢啜细饮，边谈边饮，并连声赞誉茶叶鲜美和主人手艺，不能手舞足蹈，狂喝暴饮。壶中茶叶可反复浸泡3～4次，客人杯中茶饮尽，主人可为其续茶，客人散去后，方可收茶。总之，敬茶是国人礼仪中待客的一种日常礼节，也是社会交往的一项内容，不仅是对客人、朋友的尊重，也体现出自己的修养。

在国外，客人敬茶也早已成为普遍的习俗。中国的饮茶习俗对国外曾产生一定的影响。日本人如中国人一样，对茶也很喜爱，日本民间以茶待客十分讲究礼仪，并形成"茶道"——一般是用粉末的碾茶放于"急须"（即茶壶）中，经热水冲泡后倾入一种特制的空茶碗中饮用，并佐以糕饼等食品，以对客人表示敬意。在荷兰、英国、美国、法国等国家，以茶敬客也是最普遍、最常见的礼节。

## 第三节 西餐礼仪

### 一、西餐的概念

我们通常所说的西餐是对西方国家餐饮的一种统称，其基本特点是以面包为主食，要用刀叉进食，多使用长形桌台进餐。

去正规的西餐厅吃饭一定要穿着正装，无论多么昂贵的休闲服，穿着它去正规餐厅吃饭也是失礼的。正装，即男士必须打领带，女士最好穿套装和有跟的鞋子。

如果是几个人一起进入餐厅，男士应负责开门，请女士先进入，然后请女士走在前面；入座、上餐点时，

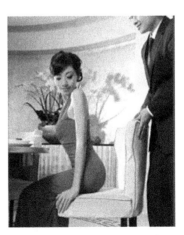

图3-19 男士协助女士入座

也应让女士优先。

进入西餐厅,应等候侍者带领入座,不可自行就座,正式的西餐厅会要求客人事先订位。西餐习惯上由左侧入座,男士应协助女士入座,帮女士拉出椅子,等女士就座后再入座。(如图3-19)

## 二、西餐餐具使用礼仪

垫盘放在餐席的正中心,盘上放折叠整齐的餐巾或餐纸(也有把餐巾或餐纸折放成花蕊状放在玻璃杯内的);两侧的刀、叉、匙排成整齐的平行线;如有席位卡,则放在垫盘的前方。所有的餐刀放在垫盘的右侧,刀刃朝向垫盘。各种匙类放在餐刀右边,匙心朝上。餐叉则放在垫盘的左边,叉齿朝上。一个座席一般只摆放三副刀叉。面包碟放在客人的左手边,上置面包刀(即黄油刀,供涂奶油、果酱用,而不是用来切面包的)一把。各类酒杯和水杯则放在右前方。如有面食,吃面食的匙、叉则横放在前方。刀、叉、杯子的使用原则是从外向内使用。(如图3-20)

图3-20 西餐餐具

广义的西餐餐具包括刀、叉、匙、盘、杯、餐巾等,狭义的西餐餐具则专指刀、叉、匙三大件。

### (一) 刀

刀分为食用刀、鱼刀、肉刀、黄油刀和水果刀。正确的拿刀姿势是:右手握住刀柄,拇指按着柄侧,食指则压在柄背上,但需注意食指绝不能触及刀背。(如图3-21)刀是用来切割食物的,不应用来挑起食物往嘴里送。用餐时,如果有三种不同规格的刀同时出现,一般正确的用法是:带小小锯齿的刀用来切肉质食品;中等大小的刀用来将大片的蔬菜切成小片;小巧的、刀尖是圆头

图3-21 刀、叉的使用

的、顶部有些上翘的小刀,则是用来切开小面包,然后用它挑些果酱、奶油涂在面包上面。

### (二) 叉

叉分为食叉、鱼叉、肉叉和虾叉。叉子的拿法有背侧朝上及内侧朝上两种,要视

情况而定。背侧朝上的拿法和刀子的拿法一样,以食指压住柄背,其余四指握柄,食指尖端大致放在柄的根部(如图3-21),太往前,外观不好看;太往后,又不怎么能使得上劲儿,硬的食物就不容易叉进去。叉子内侧朝上时,则如铅笔拿法,以拇指、食指按在柄上,其余三指支撑住柄的下方;拇指和食指要按在柄的中央位置,如果太往前,会显得笨手笨脚。左手拿叉,叉齿朝下,叉起食物往嘴里送,如果是吃面条类软质食品或豌豆,则可以将叉齿朝上。动作要轻,叉起适量食物一次性放入口中,不要拖拖拉拉叉上一大块,咬一口再放下,这样很不雅。叉起食物送入口中时,牙齿只能碰到食物,不能咬叉,也不要让刀叉在齿上或盘中发出响声。吃体积较大的蔬菜时,可用刀叉来分切。

注意:

① 刀叉的使用顺序:从外侧依次向内取用刀叉。在宴会中,每吃一道菜用一副刀叉,刀叉摆放的顺序正是每道菜上桌的顺序。刀叉用完了,上菜也就结束了。如果不知如何取用刀叉,不妨观察主人,主人取哪副刀叉,就跟着取用。

② 叉如果不是与刀并用,叉齿应该朝上;刀叉并用时,叉齿应该朝下。

③ 刀叉的暗示作用:

暗示尚未吃完的摆放方式:刀右叉左,刀刃朝内、叉齿朝下,两者呈"八"字形状摆放在餐盘上。(如图3-22)

用餐结束的摆放方式:可将刀刃朝内、叉齿朝上,并排放在餐盘上或刀上叉下并排横放在餐盘上。这种做法等于告知服务生,请将刀叉及餐盘一并收掉。(如图3-23)

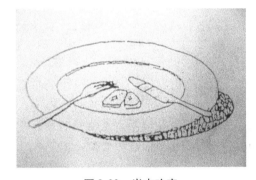

图3-22 尚未吃完

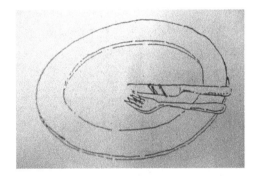

图3-23 用餐结束

(三)匙

匙通常有汤匙、甜食匙、茶匙之分。在正式场合下,匙有多种,小的是用于喝咖啡和吃甜点的;扁平的是用于涂黄油和分食蛋糕的;比较大的,是用来喝汤或盛碎小食物的;最大的是公用于分食汤的,常见于自助餐,切莫搞错。汤匙和甜食匙除了分别能够喝汤、吃甜品外,绝不能直接舀取其他主食和菜品。不可以将餐匙插入菜肴当中,更不能让其直立于甜品、汤或咖啡等饮料中。进餐时不可将整个餐匙全部放入口中。

此外,吃西餐时还应注意餐巾的使用与摆放,入座后先取下餐巾并打开,铺在双腿上，切不可将餐巾夹在衣领上；如果餐巾比较大，应将餐巾对折成三角形，开口朝外，褶线朝向自己，铺在腿上。用餐时，可用餐巾的一角擦嘴，但不可用餐巾擦餐具，因为用餐巾擦餐具是一种很不礼貌的行为，表示嫌弃餐具很脏、不卫生。会让主人很尴尬，不愉快。在用餐过程中，如果想暂时离开座位，可将餐巾放在椅背上。用餐完毕，可将餐巾折好后放在自己前方的餐桌上。

### 三、西餐用餐礼仪

在正式场合所用的西餐，其上菜顺序复杂多样，讲究甚多。

#### （一）开胃菜

开胃菜也称头盘、前菜。一般有冷盘和热头盘之分，常见的品种有鱼子酱、鹅肝酱、熏鲑鱼、沙拉、什锦冷盘等。因为是要开胃，所以开胃菜一般都具有特色风味，味道以咸和酸为主，而且数量较少，质量较高。在西餐里，开胃菜往往不列入正式的菜序。

#### （二）面包

面包（在开餐前5分钟左右送上），西餐正餐面包一般是切片面包。吃面包时，可根据个人口味，涂上黄油、果酱等。切忌自行用刀子切割面包。

#### （三）汤

汤可分为清汤和浓汤两大类，也具有开胃作用。品种有牛尾清汤、各式奶油汤、海鲜汤、美式蛤蜊汤、意式蔬菜汤、俄式罗宋汤、法式葱头汤等。开始喝汤时，才算正式开始吃西餐。

#### （四）主菜

主菜多为肉、禽类菜肴或海鲜。正式的西餐宴会上，一般为一道冷菜两道热菜，两道热菜中一个是海鲜，由鱼或虾以及蔬菜组成；另一道热菜是肉菜，是西餐中必不可少的主菜，其中最有代表性的是牛肉或牛排，配以蔬菜，代表着此次用餐的最高水平。

#### （五）蔬菜类菜肴

蔬菜类菜肴通常为配菜，可以安排在肉类菜肴之后上桌，也可以与肉类菜肴同时上桌。蔬菜类菜肴在西餐中称为沙拉。生蔬菜沙拉一般是用生菜、番茄、黄瓜、芦笋等制作而成的。还有一类沙拉是用鱼、肉、蛋类制作而成的，一般不加味汁。

#### （六）甜品

西餐的甜品是在主菜后食用的，可以算作是第六道菜。从真正意义上讲，它包括所有主菜后的食物，如点心、冰激凌、奶酪等。

#### （七）水果

吃完甜点，一般会上一份新鲜水果。

## （八）热饮

热饮一般为红茶或咖啡，以帮助消化。

从实际情况看，出于节约金钱和时间方面的考虑，西餐也在简化，在通常情况下，西餐由这五种元素构成：开胃菜、汤、主菜、甜品、咖啡。

## 四、西餐酒水礼仪

西餐的酒水礼仪能令人在用餐的同时，享受一种优雅、浪漫和温馨。

### （一）饮酒礼仪

酒是一种能够营造浪漫氛围的特殊饮品，所以酒在西餐中有着特殊的地位，不仅种类多，而且各有各的配菜，各有各的喝法。西餐中酒的种类有餐前酒、餐中酒、餐后酒。

1. 餐前酒

大约在餐前30分钟时饮用。餐前酒大多在餐厅里饮用，主要目的是为了开胃，也是为了等待有事迟到的宾客，以免尴尬。喝餐前酒比较随意，可以坐着也可以走动。男士喝的餐前酒一般是马丁尼（Martini），而女士一般喝雪莉酒（Sherry）——这是一种非常清淡的白葡萄酒。

2. 餐中酒

餐中酒是在用餐过程中饮用的，专门为主菜而配，有红酒和白酒之分，都是葡萄酒。红酒是配"红肉"喝的，如牛肉、羊肉、猪肉等，红酒是不可以加冰喝的；白酒是配"白肉"喝的，如海鲜、鱼肉、鸡肉等，白酒要冰过喝。

喝餐中酒之前还有试酒仪式。传说这个仪式源于中古时期一种可怕的习惯。那时如果要暗杀别人，最常用的方法就是在酒里下毒药。所以皇家贵族在饮酒之前都要请家奴来试喝，等十多分钟以后看家奴没事才敢喝。演变至今，试酒仪式不再是预防暗杀，而是一种增加用餐情调的优雅的西餐礼仪。试酒者也改由主人亲自担当。

3. 餐后酒

一般的餐后酒是白兰地，用一种杯身矮胖而杯脚短小的酒杯喝。喝餐后酒可以用手心温杯，这样杯中酒更能散发出香醇的味道。也有人喜欢在喝白兰地时加少许的糖或咖啡，但不能加牛奶。

酒杯的使用有一项通则，即不论喝红酒或白酒，酒杯都必须使用透明的高脚杯。由于酒的颜色和喝酒、闻酒一样是品酒的一部分，一向作为评判酒的品质的重要标准，而使用有色玻璃杯，会影响到对酒本身颜色的判定。使用高脚杯的目的则在于让手有所把持，避免因手直接接触杯肚而影响了酒的温度。应该用拇指、食指和中指并持杯颈，千万不要手握杯身，这样既可以充分欣赏酒的颜色，手掌散发的热量又不会影响酒的最佳饮用温度。（如图3-24）高脚杯质地较薄，碰杯时注意不要用杯口相碰，容易碎裂，而应将杯身倾斜，轻碰杯腹，发出"叮"的一声。（如图3-25）

图 3-24 酒杯的拿法

图 3-25 碰杯

### 小知识

**烈性酒种类**

国际上，通常把酒精度在 40％vol 以上的酒称为烈性酒，通常分为六大类。

① 白兰地。从狭义上讲，是指葡萄发酵后经蒸馏而得到的高度酒精，再经橡木桶贮存而成的酒。白兰地是一种蒸馏酒，以水果为原料，经过发酵、蒸馏、贮藏后酿造而成。以葡萄为原料的蒸馏酒叫葡萄白兰地，通常讲的白兰地都是指葡萄白兰地。以其他水果原料酿成的白兰地，应加上水果的名称，如苹果白兰地、樱桃白兰地等，但它们的知名度远不如葡萄白兰地大。

② 威士忌。是以大麦、黑麦、燕麦、小麦、玉米等谷物为原料，经发酵、蒸馏后放入橡木桶中陈酿、勾兑而成的一种酒精饮料。从广义上讲，"威士忌"是所有以谷物为原料制造出来的蒸馏酒的统称。

③ 金酒。又名杜松子酒，最先由荷兰生产，在英国大量生产后闻名于世，是世界第一大类烈酒。金酒不用陈酿，但有的厂家也将原酒放到橡木桶中陈酿，从而使酒液略带金黄色。金酒的酒精度一般在 35％~55％vol，酒精度越高，其质量就越好。

④ 朗姆酒。是以甘蔗糖蜜为原料生产的一种蒸馏酒，也称为兰姆酒、罗姆酒。原产地在古巴，口感甜润、芬芳馥郁。

⑤ 伏特加酒。以谷物或马铃薯为原料，经过蒸馏制成高达 95％vol 的酒精，再用蒸馏水淡化使其酒精度降至 40％~60％vol，并经过活性炭过滤，使酒质更加晶莹澄澈，无色且清淡爽口，使人感到不甜、不苦、不涩，只有烈焰般的刺激，形成伏特加酒独具一格的特色。

⑥ 特吉拉酒。又称龙舌兰酒，采用龙舌兰为原料，将新鲜的龙舌兰割下后，浸泡 24 小时，榨出汁来，汁水加糖发酵两天至两天半，然后蒸馏，酒精度达到 52％~53％vol，香气突出，口味凶烈，然后放入橡木桶中陈酿，色泽和口感更加醇厚。出厂时酒精度一般为 40％~50％vol。

## （二）喝咖啡礼仪

用右手拇指和食指捏住咖啡杯把，把杯子轻轻端起。给咖啡加糖时，先用糖夹把方糖夹到咖啡碟的一侧，然后再用咖啡匙把糖加入杯中。如果直接用糖夹或用手把方糖放入杯内，有时可能会使咖啡溅出，从而弄脏衣服或台布。喝咖啡前应仔细搅拌，待搅拌均匀后饮用；喝咖啡时须把咖啡匙放在托碟外边或左边，将杯子端起慢慢地移向嘴边轻轻地啜饮，不宜满把握杯、大口吞咽，也不宜伏下身去喝，不要将下面的托碟一并托起。需要注意的是，品饮咖啡不能用匙子舀——匙子是用来搅拌咖啡或加糖的。喝咖啡时也可吃一些点心，但不要一手端着咖啡杯，一手拿着点心，吃一口、喝一口地交替进行；喝咖啡时应当放下点心，吃点心时则放下咖啡杯。

## 五、西餐的位次礼仪

### （一）位次排列的规则

排列西餐的位次，一般应依照一些约定俗成、人所共知的常规进行。了解了这些基本规则，就可以轻而易举地处理位次排列问题。

1. 女士优先

在西餐礼仪中，女士处处备受尊重。在排定用餐位次时，主位一般应请女主人就座，而男主人则须退居第二主位。

2. 恭敬主宾

在西餐礼仪中，主宾极受尊重。即使用餐的来宾之中有人在地位、身份、年纪方面高于主宾，但主宾仍是主人关注的中心。在排定位次时，应请男、女主宾分别紧靠着女主人或男主人就座，以便进一步受到照顾。

3. 以右为尊

在排定位次时，以右为尊依旧是基本方针。就某一特定位置而言，其右侧之位理应高于其左侧之位。

4. 距离定位

一般来说，西餐桌上位次的尊卑，往往与其距离主位的远近密切相关。在通常情况下，距离主位近的位子尊于距离主位远的位子。

5. 面门为上

面门为上，有时又叫迎门为上。它所指的是，面对餐厅正门的位子通常要尊于背对餐厅正门的位子。

6. 交叉排列

在用中餐时，用餐者经常有可能与熟人尤其是与恋人、配偶一起就座，但在用西餐时，这种情景便不复存在了。正式一些的西餐宴会，一向被视为交际场合，所以在排列位次时，要遵守交叉排列的原则。依照这一原则，男女应当交叉排列，生人与熟人也应当交叉排列。因此，用餐者的对面和两侧往往是异性，而且还有可能是其不熟悉的人。这样做，最大的好处是可以广交朋友。不过，这也要求用餐者最好是双数，并且男女人数各占一半。

（二）座次排列的规则

在西餐厅用餐时，人们所用的餐桌有长桌、圆桌、方桌。有时，还会以之拼成其他形状的餐桌。最常见的、最正规的西餐桌当属长桌。下面，就来介绍一下西餐排位的种种具体情况。

1. 长桌

以长桌排位，一般有两个主要方法。方法之一，是男女主人在长桌中央对面而坐，餐桌两端可以坐人，也可以不坐人（如图3-26）。方法之二，是男女主人分别就座于长桌两端（如图3-27）。

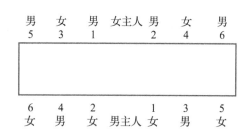

图3-26 长桌座次一

图3-27 长桌座次二

2. 圆桌

在西餐里，使用圆桌排位的情况并不多见。在隆重而正式的宴会里，则尤为罕见。其具体排列，基本上是各项规则的综合运用。

3. 方桌

以方桌排列位次时，就座于餐桌四面的人数应相等。在一般情况下，一桌共坐8人、每侧各坐两人的情况比较多见。在进行排列时，应使男、女主人与男、女主宾对面而坐，所有人均分别与自己的恋人或配偶坐成斜对角。（如图3-28）

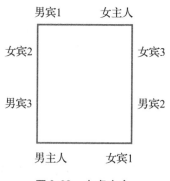

图3-28 方桌座次

## 小知识

研究西餐的学者们,经过长期的探讨和归纳,认为吃西餐最讲究6个"M"。

第一个是"Menu"(菜单)。菜单被视为西餐馆的门面,老板也一向重视,会选用最好的面料做菜单的封面,有的甚至用软羊皮打上各种美丽的花纹。

第二个是"Music"(音乐)。豪华高级的西餐厅,要有乐队,演奏一些柔和的乐曲,一般的小西餐厅也播放一些美妙的乐曲。

第三个是"Mood"(气氛)。吃西餐讲究环境雅致,气氛和谐。一定要有音乐相伴,有洁白的桌布,有鲜花摆放,所有餐具一定要洁净。如遇晚餐,要灯光暗淡,桌上要有红色蜡烛,营造一种浪漫、迷人、淡雅的气氛。

第四个是"Meeting"(会面)。也就是说,和谁一起吃西餐,是要有选择的,一定要是亲朋好友和趣味相投的人。吃西餐主要是为了联络感情,人们很少在西餐桌上谈生意。所以在西餐厅内很少有面红耳赤的场面出现。

第五个是"Manner"(礼俗)。也称为"吃相"和"吃态",要遵循西方习俗,不要有唐突之举。特别在手拿刀叉时,若手舞足蹈,就会失态。

第六个是"Meal"(食品)。西餐以讲究营养为核心,至于味道那是无法同中餐相提并论的。

## 【情景训练】

某公司的销售部提前完成了年度订单,销售业绩又创新高。销售部李经理为激励团队的士气,同时感谢下属一年来的辛勤工作,特地在周末晚上邀请下属一起用餐。

请模拟用餐情景,每组选四名同学,其中一名扮演李经理,其他三名扮演被宴请的下属,注意用餐的位次礼仪、敬酒礼仪。

## 【拓展训练】

**案例分析:**

一天晚上,徐先生陪着一位美国客人来到酒店餐厅用餐。点菜后,服务员小吴摆上酒杯,上好餐前小吃,又为外宾多加一份刀叉,再为两位客人斟茶水、换毛巾,还为他俩倒啤酒,当汤端上来后便为他们盛汤,盛了一碗又一碗。一开始,外宾以为这是吃中餐的规矩,听徐先生告诉他凭客自愿后,在服务员小吴要为他盛第三碗时他谢绝了。小吴在服务期间满脸微笑,手疾眼快,一刻也不闲着:上菜后即刻布菜,皮壳多了随即就

社交礼仪

换骨碟,毛巾用过了忙换新的,米饭没了赶紧添加……他在两位客人旁边忙上忙下,并不时用英语礼貌地询问两位还有什么需要,搞得两位食客拘谨起来。当外宾把刀叉刚放下,从口袋里拿出香烟,抽出一支拿在手里时,小吴忙从口袋里拿出打火机,熟练地打着火,送到客人面前,为他点烟。外宾忙把烟叼在嘴里去点,样子颇为狼狈。烟点燃后,他忙点头向小吴说了声:"谢谢!"小吴又在忙着给他的碟子里添菜,客人忙熄灭香烟,用手止住小吴说:"谢谢!还是让我自己来吧。"小吴随即把烟灰缸拿去更换。外宾说:"这里的服务太热情了,就是忙得让人有点儿透不过气来。徐先生,我们还是赶紧吃完走吧。"当小吴把新烟灰缸放到桌上后,客人谢绝了小吴的布菜,各自胡乱品尝了两口后,便要求结账。小吴拿账单时,外宾拿出一张钞票压在碟子下面。徐先生忙告诉他,中国餐厅内不收小费。外宾说:"这么'热情'的服务,你就无动于衷?"徐先生仍旧向外宾解释,外宾只好不习惯地把钱收了起来。结账后,小吴把他们送离座位,站在餐厅门口还连声说:"欢迎下次光临。"

[分析]

案例中,由于美国客人在该餐厅受到十分热情的接待服务,结合他过去在国外的就餐经历和经验,使外宾形成一种感觉,就是过于热情干扰了自己的用餐情绪,即感到不自在和尴尬,这使他认为这是服务员在索要小费的提示,尽管最后他也清楚并不是那么回事,但顾客始终不认同和接受这样的服务。这样的服务实际上是画蛇添足,多此一举。又例如,有些聚在一起想聊聊知心话的朋友,正在热恋的青年男女,爱静静独坐的知识分子或其他一些不想让服务员过多干扰自己的顾客,包括到餐馆洽谈业务的商人,都不愿意接受这种画蛇添足式的服务。所以说服务员并不是越殷勤、周到、热情,就越能得到顾客的好感,而是应当根据不同顾客的具体情况,来确定自己是不是应该那样服务。

餐厅在强调对顾客热情服务的同时,更应该强调以顾客感到自在、舒适和愉快为准则,不注意客人反应的过度热情也可能会把顾客吓跑。

# 第四章 言谈之礼

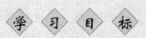

用语文明、心平气和、耐心倾听、诚恳友善。

## 第一节 会面礼仪

### 一、称呼礼仪

称呼，是在人与人交往中使用的称谓，旨在指代某人或引起某人的注意。它不仅反映着称呼者自身的教养、对对方尊重的程度，甚至还体现着双方关系冷热程度和社会风尚，因此不能随便乱用。正确、恰当的称呼能给他人留下良好的印象，产生好的交往效果。

#### （一）称呼的规则

在与人交往的过程中，我们应该对生活中的称呼、工作中的称呼、外交中的称呼、称呼的禁忌细心掌握，认真区别。生活中的称呼应当亲切、自然、准确、合理；在工作岗位上，人们彼此之间的称呼是有特殊性的，要求庄重、正式、规范；国际交往中，因为国情、民族、宗教、文化背景的不同，称呼就显得千差万别，既要掌握称呼的一般性规律，又要注意称呼的国别差异。

1. 职务性称呼

职务性称呼要与交往对象的职务相称，以示身份有别、表达敬意，这是一种最常见的称呼。在具体使用时有三种情况：称职务、在职务前加上姓氏、在职务前加上姓名

（适用于极其正式的场合）。

2. 职称性称呼

对于具有职称者，尤其是具有高级、中级职称者，在工作中直接以其职称相称。用职称相称时可以只称职称、在职称前加上姓氏、在职称前加上姓名（适用于十分正式的场合）。

3. 行业性称呼

在工作中，有时可按行业进行称呼，对于从事某些特定行业的人，可直接称呼对方的职业，如老师、医生、会计、律师等，也可以在职业前加上姓氏、姓名。

4. 性别性称呼

对于从事商业、服务型行业的人，一般约定俗成地按性别的不同分别称呼"小姐""女士"或"先生"。

在英国、美国、加拿大、澳大利亚、新西兰等讲英语的国家里，姓名一般由两部分构成，通常名字在前，姓氏在后。对于关系密切的，不论辈分可以直呼其名而不称姓。俄罗斯人的姓名有本名、父称和姓氏三个部分，妇女的姓名婚前使用父姓，婚后使用夫姓，本名和父称通常不变。日本人的姓名排列顺序和我们一样，不同的是其姓名字数比较多，日本妇女婚前使用父姓，婚后使用夫姓，本名不变。

**（二）称呼的禁忌**

1. 错误的称呼

常见的错误称呼无非就是误读或误会。误读也就是念错姓名，为了避免这种情况的发生，对于不认识的字，事先要有所准备；如果是临时遇到，就要谦虚请教。误会，主要是对被称呼人的年纪、辈分、婚否以及与其他人的关系做出了错误判断。比如，将未婚妇女称为"夫人"，就属于误会。相对年轻的女性，都可以称为"小姐"，这样对方也乐于接受。

2. 不通行的称呼

有些称呼，具有一定的地域性，如山东人喜欢称呼"伙计"，但南方人认为"伙计"肯定是"打工仔"。中国人经常把配偶称为"爱人"，而在外国人的意识里，"爱人"则是"第三者"的意思。

3. 庸俗的称呼

有些称呼在正式场合不适合使用。例如，"兄弟""哥们儿"等一类的称呼，虽然听起来亲切，但显得档次不高。

4. 称呼外号

对于关系一般的交往对象，不要自作主张地给对方起外号，更不能用道听途说来的外号去称呼对方，在正式场合也不能随便拿别人的姓名乱开玩笑。

5. 语音不当

在官场上，应注意上司的姓氏与职务的语音搭配，例如，赶上姓傅、姓戴的一把手，称其"傅厅长""戴局长"，对方准不高兴，因为外人一听，误以为他是副职或临时代理。此种情况，应略去其姓氏，直称官衔"厅长""局长"则可。又如，某处长姓贾，最好不要随便张口称其"贾处长"或"贾处"，以直呼其"处长"为宜，否则难以避免调侃之嫌，或引起尴尬。

## 二、握手礼仪

握手是人类在长期交往过程中逐渐形成的一种重要礼节，它的出现，最早可以追溯到刀耕火种的原始时代。那时，人们以木棒或石块为武器，进行狩猎或战争。狩猎中遇到不属于本部落的陌生人，或敌对双方准备和解时，双方都要放下手中的武器，伸出手掌，让对方摸一下手心，以示友好。这种习惯后来演变成现代握手礼。

1. 握手的顺序

作为社交场合中的一种礼节，握手的顺序应根据握手人的社会地位、年龄、性别和身份来确定。上下级握手，下级要等上级先伸出手；长幼握手，年轻者要等年长者先伸出手；男女握手，男士要等女士伸出手后，方可伸手握之；宾主握手，主人应先向客人伸出手，而不论对方是男是女。总而言之，社会地位高者、年长者、女士、主人享有握手的主动权。朋友、平辈见面，先伸出手者则表现出更有礼貌。

2. 握手的规矩

握手作为见面时的一种礼节，有约定俗成的规矩和要求。戴手套的男士握手前应脱下手套，将手套放好或拿在左手上，再和人握手。

多人或同时握手时，注意不要交叉握手，不可左右手同时与两个人相握，也不宜隔着中间的人握手，要等别人握手结束，然后再伸手。在来者较多的聚会场所，可只与主人和熟人握握手，向其他人点头致意就行了。

除特殊情况，通常应站着握手，而不要坐着握手；握手宜用右手。握手力度的大小和握手持续时间的长短，往往表现出对对方的热情程度。一般情况下，握手用力要适当，持续2秒钟左右即可。久别重逢的朋友握手，时间可长一点，力度可大一点，还可上下摇动，但也不必太使劲，以免把友人的手握疼。过分热情，效果往往会适得其反。

男女握手时，女士只需轻轻地伸出手掌，男士稍稍握一下女士的手指部分即可，不要用双手握女士的手，也不要握得太紧，更不要握得太久。

## 三、介绍礼仪

介绍是人们在社交场合中相互认识的基本方式。介绍，在素不相识的人与人之间起桥梁和沟通的作用。

### (一) 介绍的类型

在社交活动中，介绍的形式是多种多样的，主要有以下四种类型。

按照社交场合的正式与否区分，有正式介绍和非正式介绍。正式介绍是指在较为正规的场合所进行的介绍，而非正式介绍是指在一般非正规场合所进行的介绍。非正式介绍不必过分拘泥于礼节。

按照介绍者的位置区分，有自我介绍、他人介绍和为他人做介绍。

按照被介绍者的人数区分，有集体介绍和个别介绍。

按照被介绍者的身份、地位区分，有重点介绍和一般介绍。例如，对于要人和贵宾，可做重点介绍。

### (二) 介绍的方法

在社交场合中使用较多的介绍方法有两种：为他人做介绍和自我介绍。

1. 为他人做介绍

为他人做介绍通常是介绍不相识的人互相认识，或者把一个人引见给其他人。为他人做介绍时要注意以下礼仪。

(1) 掌握介绍的顺序

在社交场合介绍两个人相互认识的时候，要坚持受到特别尊重的一方有了解对方的优先权的原则，即

① 先把男士介绍给女士；
② 先把年轻者介绍给年长者；
③ 先把客人介绍给主人；
④ 先把未婚者介绍给已婚者；
⑤ 先把职位低者介绍给职位高者。

在介绍过程中，先称呼女士、年长者、主人、已婚者、职位高者。例如，先把职位低者介绍给职位高者时，可以这样说："张总，这是王兵秘书。"然后介绍说："王秘书，这位是张华总经理。"

当被介绍人是同性别或年龄相仿或一时难以辨别其身份、地位时，可以先把与自己关系较熟的一方介绍给自己较为生疏的一方。例如："陈强，这是我同学方刚。"然后说："方刚，这位是陈强。"

(2) 讲究介绍的礼仪

为他人做介绍时，态度要热情友好，不要厚此薄彼，不可以详细介绍一方而粗略介绍另一方。介绍前，应先向双方打招呼，使其有思想准备。介绍时，语言应清晰、准确。此外，手势动作应文雅，无论介绍男士还是女士，都应手心朝上，四指并拢，拇指张开，朝向被介绍的一方，切忌用手指指来指去。

这里顺便指出，作为被介绍者，在被介绍给他人时，一般都应面向对方，并做出礼

貌的回应，例如"幸会""久仰大名""认识您非常高兴"等。

2. 自我介绍

在社交活动中，有时需要做自我介绍。例如，由于某种原因，主人对互不相识的客人未做介绍，这时自己可以进行自我介绍；为了结交某位知名专家，自己也可以主动进行自我介绍；等等。自我介绍是社交的一把钥匙，务必运用好。

（1）注意介绍内容的繁简

在一般社交场合，自我介绍主要介绍自己的姓名、工作单位、身份。例如，"我是××，在××单位或地方工作。"如果与新结识的朋友谈得很投机，双方都愿意更多地了解对方，介绍的内容还可适当增加，例如自己的籍贯、母校、经历等。自我介绍应当实事求是、态度诚恳，既不要自吹自擂、夸夸其谈，也不要自我贬低、过分谦虚。恰如其分地介绍自己，才会给人留下态度诚恳、值得信赖的印象。

在某些场合，自我介绍的内容还可以更加丰富，表达更加生动。

① 从介绍自己姓名的含义入手。例如，某单位分来了一位刚毕业的大学生，在所在科室的欢迎会上，他这样进行自我介绍："我姓苏，苏东坡的苏；名杰，杰出人才的杰。自古以来，姓苏的人才辈出，因此父母也希望我成为一个杰出的人才。不过，我刚毕业，事业刚刚开始，但我相信在大家的帮助下，成功之路就在自己的脚下。"借自我介绍之机，恰当地表露自己的谦虚和抱负，不失为聪明之举。

② 从自己所属生肖入手。如在一次礼仪小姐比赛中，一位小姐这样自我介绍："我的生肖第一，属老鼠，我去年进入信宜宾馆工作，今天是我参加工作以来的第一个'五一节'，我也是第一次参加如此大规模的比赛。但愿这么多的'第一'会给我带来好运。谢谢大家。"参赛者的这种介绍，较恰当地引出了自己的年龄、职业、参赛信心，给人留下了深刻的印象。

③ 从自己的职业特征入手。一位公关先生在上述比赛中这样自我介绍："我叫张伟，在上海宾馆公关部工作。也许有的人认为，公关工作都是一些漂亮小姐担任的，一个男子怎么会从事公关工作呢？其实这是一种误解，公关是塑造形象和协调工作的科学，只要具有公关知识和素养，男子也同样能从事公关工作。今后希望各位在工作中多多关照。"一番话，使人了解了公关工作，理解了公关先生。

（2）讲究自我介绍的艺术

自我介绍要寻找适当的机会。当对方正与人亲切交谈时，不宜走上前去进行自我介绍，以免打断别人的谈话；而当对方独处或与人闲谈时，可见缝插针，抓住时机进行自我介绍。

自我介绍要看场合。如果与一人会面，问好后便可开门见山进行自我介绍。如果有多人在场，在自我介绍前最好加一句引言，例如"我们认识一下好吗？我是……"。做自我介绍时，不要把目光集中在一个人身上，最好环视大家。然后将目光转向他们中的某个人，大家也会相应地做自我介绍。

此外，在进行自我介绍前，也可以引发对方先做自我介绍，诸如，"请问您贵姓?""您是……"等，待对方回答后再顺水推舟地介绍自己。若两人相互认识后希望进一步交往，还可以交换名片，以便今后联系。

### 四、名片

作为交际工具之一的名片，在我国已有两千多年的历史。早在秦汉时期，一些达官贵人便开始使用一种称作"谒"的竹制或木制名片，后改用绢、纸制作；汉末则改称"刺"；六朝时称名片为"名"；唐朝称"门状"等；明朝称"名帖"；清朝称"名刺""名片"；后来统称为名片，沿用至今。

今天，拥有名片不再是高官显贵、名流贤达的特权。无论男女老少，不管地位高低，谁都可以有名片。名片不再是仅仅用于通报姓名和身份，结交友人，而是广泛用于答谢、邀约（代替请柬）、馈赠、祝贺、挽悼等事宜。例如，当您收到友人的赠礼后，可在名片的姓名下写下"领"字，另起一行顶格写上"谢"字，然后把名片装进信封寄给友人；而你赠人鲜花时可附上一张名片，对方看了名片，便明白你的心意……随着社会的进步和科技的发展，名片的功能越来越多，而名片的制作也越来越讲究。

#### （一）名片的种类

现代名片的规格一般为10厘米长、6厘米宽，或略小。世界各国名片的规格也不统一，如我国名片的规格通常为9厘米×5.5厘米，而英国男女皆用的名片规格通常为7.62厘米×5.08厘米。制作名片的材料更是多种多样，有布纹纸、白卡纸、合成纸、皮纹纸，以及不锈钢、黄金和光导纤维等。

名片大体上可分为三大类：社交名片、职业名片、商务名片。社交名片一般可选择印上姓名、地址、邮政编码、电话号码、邮箱、QQ号、微信号等；职业名片上除了印上姓名、地址、邮政编码、电话号码、邮箱、QQ号、微信号之外，还将所在单位、职称、社会兼职等印在上面；商务名片正面内容与职业名片相同，但背面通常印上单位经营项目等。

#### （二）交换名片礼仪

参加社交活动时，宜随身带上几张名片以备用。与初次见面的人相识后，出于礼貌和有意继续交往，便可适时递上自己的名片。

递、接名片时，如果是单方递、接，应用双手递，双手接；若双方同时交换名片，则应右手递，左手接。接过对方的名片后应点头致谢，真诚地说几句诸如"幸会"之类的客气话，并认真地看一遍名片。最好能将对方的姓名、职务（称）轻声读出来，以示尊重。要妥善收好名片，可以把名片放进上衣口袋里，或放入名片夹里，也可以暂时摆在桌面上显眼的位置，注意不要在名片上放置任何物品。

双方交换了名片,意味着彼此之间架起了一座交往的桥梁,但不一定就能够成为朋友。因为此时的友谊犹如一株幼苗,只有经过双方长期共同培育,才有希望长成不怕风吹雨打的参天大树。

### (三)名片的保存

在社交活动中,收下对方名片后,应妥善收好,或放进上衣的口袋,或放入名片盒。回家或回到办公室后,则应将接受的名片分类收进专用名片簿。

收到的名片较多时,可按下列三种方法分类收藏,以便日后查找和使用。

1. 按字母顺序分类

外国友人名片可以按英文字母顺序或其他外国文字字母顺序排列,中国同胞的名片可以按汉语拼音字母顺序或汉字笔画分类排列。

2. 按行业分类

例如,可以把文化界朋友的名片放在一起,把企业界朋友的名片放在一起。

3. 按国别或地区分类

每一张名片犹如一张记事卡,可在名片背面记录收到名片的时间与地点等,但不要在名片上乱涂乱画。

## 第二节 交谈礼仪

交谈是人们日常生活的一部分,也是人际交往的基本形式之一。从广泛意义上来讲,交谈是人们交流思想、沟通感情、建立联系、消除隔阂、协调关系、促进合作的一个重要渠道。美国著名的语言心理学家多罗西·萨尔诺夫曾说道:"说话艺术最重要的应用,就是与人交谈。"交谈礼仪,即人们在社交场合与人交谈时应当遵循的各种规范和惯例。

### 一、交谈的话题

话题是交谈的中心内容,交谈话题的选择不仅能够反映出交谈者品位的高低,同时选择一个好的话题,往往能创造出一个良好的交谈氛围,取得理想的沟通效果。因此,在交谈时,首先应选择恰当的话题,同时要注意应当回避的话题。

### (一)选择话题一般原则

1. "TPO"原则

T即时间,P即地点,O即场合(具体内容参见本书第二章第三节)。选择话题的"TPO"原则指的是话题的内容要符合说话的客观现场环境。

2. 因人而异原则

指交谈时要根据不同的交谈对象而选择不同的交谈内容。根据对方的性别、年龄、性格、民族、阅历、职业、地位而选择适宜的话题。如果完全不考虑这些因素，交谈就难以引起对方的共鸣，难以达到沟通和交流的目的，甚至出现交谈各方彼此对立的情况。

3. 求同存异原则

由于交谈各方往往有着不同的性别、年龄、阅历和职业等主观条件，所以在交谈中他们经常会发现彼此有不同的兴趣爱好、关注话题等。遇到此种情况，交谈各方应当本着求同存异的原则，选择大家都感兴趣的话题作为谈话内容，使各方在交谈过程中有来有往、彼此呼应、热情参与、皆大欢喜，因此交谈必须"求同"；如果交谈各方在交谈中对某一问题的看法产生了分歧，不妨进行适度的辩论，但这种辩论是建立在理性基础上的，如果谁也不能说服谁，就应当克制自己的情绪，切不可为了强行说服别人而争得面红耳赤，导致大家不欢而散，因此交谈必须"存异"。

## （二）宜选话题

1. 选择高雅的内容

应当自觉地选择高尚、文明、优雅的谈话内容，如哲学、历史、文学、艺术、风土、人情、传统、典故等，或选择一些时尚的热门话题，如国内外新闻以及政治、经济、社会问题等，但切忌班门弄斧、不懂装懂。

2. 选择轻松的内容

在交谈时要有意识地选择那些能给交谈对象带去开心与欢乐的轻松的话题，如文艺、体育、旅游等。除非必要，切勿选择那些让对方感到沉闷、压抑、悲伤、难过的话题。

3. 选择擅长的内容

交谈的内容应当是自己或者对方所熟知甚至擅长的内容。选择自己擅长的内容，就会在交谈中驾轻就熟、得心应手，并令对方感到自己谈吐不俗，而对自己刮目相看；选择对方擅长的内容，则既可以给对方发挥长处的机会，调动其交谈的积极性，也可以借机向对方表达自己的谦恭之意，并可取人之长，补己之短。应当注意的是，无论是选择自己擅长的话题，还是选择对方擅长的话题，都不应当涉及另一方一无所知的内容，否则便会使另一方感到尴尬和难堪。

每个人都有自己忌讳的话题，因此在交谈时务必注意回避对方的忌讳，以免引起误会。由于中外生活习惯的差异，许多国内司空见惯的话题往往是触犯外国人禁忌的敏感内容，尤其要注意回避对方忌讳的话题。在交谈中，有关对方的年龄、婚姻状况、收入、经历、信仰等信息，都属于涉及个人隐私的话题，不宜谈论；在交谈中，应尽量远离"人"的话题，不要在交谈中传播闲言碎语、制造是非，尤其不要对他人的隐私指指指点点、妄加评说，更应避免攻击、谩骂、中伤他人的话题；在交谈中，应避免出现有关疾病、死亡、丑闻、惨案及探听对方物品出处、价钱等问题，尤其要避免谈及一些无聊、低级、庸俗的话题。

## 二、交谈的语言

语言是交谈的载体，交谈过程即语言的运用过程。语言运用是否准确恰当，直接影响着交谈能否顺利进行。因此，在交谈中尤其要注意语言的使用问题。

### （一）通俗易懂

在谈话中所使用的语言最好是让人一听便懂的明白话，如果所使用的语言过于雕琢，甚至咬文嚼字、矫揉造作，满嘴的专业术语和"子曰""诗云"，堆砌辞藻、卖弄学识，那么只会让人闻之生厌，不知所云。

### （二）文明礼貌

日常交谈虽不像正式发言那样严肃、郑重，但也要注意文明礼貌用语。首先，在交谈中要善于使用一些约定俗成的礼貌用语，如"您""谢谢""对不起"等。尤其要注意在交谈结束时，应当与对话方礼貌道别，比如，说一声"有空咱再聊吧！""谢谢您，再见！"即使在交谈中有过争执，也应不失风度，切不可来上一句"说不到一块儿就算了""我就是认为我对"。其次，在交谈中应当尽量避免使用一些不文雅的语句和说法，对于不宜明言的一些事情可以用委婉的语句来表达。例如想要上厕所时，宜说："对不起，我去一下洗手间。"或说："不好意思，我去打个电话。"对师长不应直呼其名，而应使用敬语；不用带侮辱性的绰号称呼别人；不说脏话、谎话；不强迫别人回答其不愿意回答的问题。

### （三）简洁明确

在交谈中所使用的语言应当力求简单明了，言简意赅地表达自己的观点，切忌喋喋不休、啰啰唆唆。交谈时最基本的一点，就是要让他人准确无误地听懂自己的话。首先要发音标准，吐字清晰，否则根本谈不上交流。忌用方言、土语，而应以普通话作为正式标准用语。其次要语意明确，不要模棱两可，以免产生不必要的误会。

## 三、交谈的态度

在交谈中所表现出的态度，往往是说话者内心世界的真实反映。若想使交谈顺利进行，务必对自己的谈话态度予以准确把握、适当控制。

### （一）表情自然

交谈时目光应专注，或注视对方，或凝神思考，从而和谐地与交谈进程相配合。眼珠一动不动，眼神呆滞，甚至直愣愣地盯视对方，都是极不礼貌的；目光游移，漫无边际，则是对对方不屑一顾的失礼之举，也是不可取的。如果是多人交谈，就应该不时地用目光与众人交流，以表示交谈是大家的，彼此是平等的。同时，在交谈时可适当运用眉毛、嘴、眼睛等在形态上的变化，以表达自己对对方所言的赞同、理解、惊讶、疑惑，从而表明自己的专注之情，并促使对方强调重点、解释疑惑，使交谈顺利进行。交谈时要语气平和，言语谦恭，讲话音量适当，语速适中，让别人听得清清楚楚。

### （二）举止得体

人们在交谈时往往会做出一些有意无意的动作，这就是所谓的肢体语言。这些肢体语言通常是其对谈话内容和谈话对象的真实态度的反映。在与人交流时应有适当的肢体动作，比如发言者可以用适当的手势来补充说明其阐述的具体内容；倾听者则可以用点头、微笑来反馈"我正在注意听""我很感兴趣"等信息。同时，应避免过分夸张甚至是多余的动作。与人交谈时可有动作，但动作不可过大，更不要手舞足蹈、拉拉扯扯、拍拍打打。为表达敬人之意，切勿在谈话时左顾右盼，或将双手置于脑后，或高跷"二郎腿"，甚至剪指甲、挖耳朵等。交谈时应尽量避免打哈欠，如果实在忍不住，也应侧头掩口，并向对方致歉。尤其应当注意的是，不要在交谈时以手指指人，因为这种动作带有轻蔑之意。

### （三）注意倾听

倾听是与交谈过程相伴而行的一个重要环节，也是交谈顺利进行的必要条件。在交谈时务必认真聆听对方的发言，用表情、动作予以配合，从而表达自己的敬意，并为积极融入交谈做最充分的准备。要多给别人讲话的时间，切不可因追求"独角戏"而对他人的发言不闻不问。交谈中不应当随便打断别人的话，要尽量让对方把话说完再发表自己的看法。如确实想要插话，应向对方打招呼："对不起，我插一句行吗？"但所插之言不可冗长，而应该用一两句点到即可。

### （四）适当交流

交谈是一个双向或多向交流的过程，需要各方的积极参与。因此在交谈时切勿造成"一言堂"的局面。自己发言时要给其他人发表意见的机会，别人说话时自己要适时发表个人看法，互动式促进交谈进行。参加别人谈话之前应先打招呼，征得对方同意后方可加入。与此相应的，他人想加入己方交谈，则应以握手、点头或微笑表示欢迎。如果别人在进行个别谈话，不要凑上去旁听。若确实有事需与其中某人说话，也应等到别人说完后再提出要求。在谈话中若遇有急事需要处理，应向对方打招呼并表示歉意。值得注意的是，男士一般不宜参与女性圈子的交流。

第四章 言谈之礼

## 第三节 电话礼仪

随着我国人民生活水平的逐步提高和通信事业的发展，固定电话和移动电话已经进入千家万户，成为人们交流信息、联络感情、联系工作、开展社交的重要工具。日常工作、生活中，接听电话、通话看起来简单，但是由于有些人不熟悉或不研究使用电话的礼仪，导致通话双方都不愉快，结果令人遗憾。现介绍使用电话的礼仪，以便大家在通话过程中取得最佳通话效果。

### 一、打电话的礼仪

#### （一）选择时间

打电话，应选择适当的通话时间。一般来说，若是利用电话谈公事，尽量在受话人上班 10 分钟以后或下班 10 分钟以前这个时间段内通电话，这时对方可以比较从容地听电话。若是亲友间谈私事，除非事情紧急，打电话的时间不宜过早（早上 7 点钟之前）和太晚（晚上 10 点钟之后），以免打扰别人休息。

#### （二）通话准备

通话前要有所准备。确定受话人的电话号码，以免拨错号码，给他人增添麻烦；事先想好谈话内容，重要的电话不妨先在纸上记下通话要点和有关数据，而不要在通话时再慌慌张张地翻材料，让对方握着听筒干着急。

#### （三）通话礼貌

通话要讲究礼貌。电话接通后应先向对方问好，然后自报单位和姓名。若接电话者不是自己要找的人，可请他（她）帮忙传呼，并表示谢意，不要"咔哒"一声把电话挂断。也可把自己准备讲的话告诉接电话者，托他转告；如果内容不便转告，可以告诉对方改时间再打，或请对方转告回电话的号码。

往对方家里打电话，接电话者若是对方的配偶，通话更要讲究艺术。例如，你是一位男士，给一位女同事打电话，她恰巧不在家，她丈夫接电话时，你坦诚相告，自己是他妻子的同事某某，欲和她谈什么事儿。倘若你不说明，万一碰上她丈夫是多心的人，他就会浮想联翩：这个神秘的异性是何许人也……从而给对方留下悬念，引起对方不安，甚至产生误会。

与自己要找的人接通了电话，在简单寒暄之后便可进入通话主题。通话内容应简明扼要，不要东拉西扯、打哈哈、侃大山。根据情况可用探寻或商量的口气交谈，同时细心倾听对方的反应。除了特殊情况外，通话时间切忌过长，以讲清楚通话主题为宜。交谈完毕道谢或道别后，把话筒轻轻放好。如果对方是长辈、上级，应让对方先挂电话。

若使用公用电话，人多时应自觉排队。若自己所要拨打的电话一时拨不通，就让别人先打。

## 二、接电话的礼仪

### （一）尽快接听

电话铃一响，应尽快接听电话，而不要置若罔闻，或有意延迟时间，让对方久等。拖延接听时间不仅失礼，有时还会误事。

电话铃响之际，如果自己正与同事或客人交谈，可先与同事或客人打个招呼，再去接电话。拿起听筒时，先问候"您好"，接着自报家门。听电话时应聚精会神，可以不时地"嗯"一声，或说"好"，以表明自己正仔细倾听对方的谈话并有所反应。不要在接电话的同时，与身边的熟人打招呼或小声谈论别的事情。

接到电话时若正在用餐，最好暂停吃喝，将口中的食物处理掉，以免自己咀嚼吞咽的声音通过电话传进对方的耳朵中，给对方留下被轻视的感觉。

### （二）助人为乐

在日常生活和工作中，当接电话者不是对方要找的人时，接电话者应主动帮助对方传呼受话人。如果受话人不在，要马上告诉对方，并客气地询问对方，是否有急事需要转告。如有，则应认真记录，随后及时转告；若对方不愿讲，也可悉听尊便，不可盘问、打听。通常在对方放下电话之后，接电话者再轻轻放下电话。

接到打错的电话时，首先应仔细倾听对方找谁，然后询问对方拨的号码是多少，最后客气地告诉对方打错了电话。若有可能，可为对方提供一点儿线索。不要责怪拨错电话号码的人，或气呼呼地挂断电话以发泄不满，这都是不礼貌的举止。对方道歉时，可说声"没关系"；对方致谢时，可回答"不客气"。彼此以礼相待，皆大欢喜。

## 三、塑造良好的电话交流形象

打电话是一种快捷、特殊的交往方式。说它快捷，是指即使两人相距遥远，通话时也犹如近在咫尺；说它特殊，是指彼此"只闻其声，不见其影"（使用可视电话例外）。既然通电话主要靠声音进行交流，因此，打电话者和接电话者应格外注意音量、语气及谈话内容，以便给对方留下美好的印象。

## 四、手机礼仪

截至2018年年底，中国居民使用手机数量已达到15.7亿部，中国成为世界手机第一大国。随着手机的普及，人们有必要了解和掌握使用手机的通话礼仪。一般说来，使用手机也应当参照上述电话礼仪。此外，根据目前手机的特点，手机礼仪可概括为"六要六不要"。

### （一）六要

① 当手机铃声响起，要尽快接听。

② 因故未能接听电话，发现未接来电后要及时回话。

③ 通话时要使用礼貌语言，用文明字眼发短信。

④ 要遵守公共秩序，在教室、图书馆、会议室、电影院等公共场合要自觉关机或开成静音模式。

⑤ 在别人家做客时要尊重主人。没有特殊情况，不要不停地使用手机打电话。

⑥ 要注意安全，最好把手机放在提包或手袋里，因为手机挂在胸前或一直拿在手上都不太安全。

### （二）六不要

① 不要主动索取陌生人的手机号码。

② 一般情况下不要借用他人的手机。

③ 不要向别人炫耀自己的手机功能，或者看别人发短信等，不要偷拍别人的形象。

④ 使用个性化的铃声无可非议，但不要使用内容不文明的铃声。

⑤ 不要在医院急诊室附近使用手机。

⑥ 不要在飞机上使用手机，驾驶机动车不得拨打、接听手持电话。

## 五、社交禁忌

在社交活动中，不仅要了解应当怎样做，还要知道哪些事不能做，这些不能做的事情，便是社交中的禁忌。

### （一）忌开玩笑过度

朋友、熟人之间适当开开玩笑，可以活跃气氛，融洽关系，增进友谊。但开玩笑要适度，要因人、因时、因环境、因内容而定。

1. 开玩笑要看对象

俗话说："人上一百，形形色色。"人的性格各不相同。和宽容大度的人开点儿玩笑，或许可调节气氛；和女同学或女同事开玩笑，则要适可而止。

2. 开玩笑要看时间

俗话说："人逢喜事精神爽。"开玩笑，最好选择在对方心情舒畅时，或者当对方因小事生气时，通过开玩笑把对方的情绪扭转过来。

3. 开玩笑要看场合、环境

在图书馆、医院等要求保持肃静的场合，不要开玩笑；在治丧等悲哀的氛围中，不宜开玩笑。

4. 开玩笑要注意内容

开玩笑时一定要注意内容健康、风趣幽默、情调高雅。在较正式的社交活动中，忌开庸俗的玩笑。千万不要拿别人的生理缺陷开玩笑。

### （二）忌随便发怒

在社交活动中，人们都愿意与性格豪爽的人交往，在社交场合，除非是事关原则的问题，否则不要争得面红耳赤。一般来说，不要为一些鸡毛蒜皮的小事儿生气或勃然大怒，甚至翻脸，要表现出有气量、有涵养。俗话说："气大伤身。"发怒不仅会伤自己的身体，对自己的形象也有不良的影响。动不动就生气的人也会失去朋友。

### （三）忌恶语伤人

所谓恶语是指那些肮脏污秽、奚落挖苦、刻薄侮辱之类的语言。口出恶语，不但伤人，而且有损自身形象。

俗话说："良言一句三冬暖，恶语伤人六月寒。"因此，在社交活动中，应当尊重人，温文尔雅，讲究语言美，而不该是自以为是、出言不逊、恶语伤人。

### （四）忌飞短流长

在社交活动中，应以诚待人、宽厚待人。要与人为善，而不要打听或干涉别人的隐私、评论他人的是是非非。不要无事生非、捕风捉影，也不要东家长、西家短，更不要传播小道消息，把芝麻说成西瓜。说话要有事实根据，不能听风就是雨、随波逐流。

### （五）忌言而无信

社交活动中，最应注重一个"信"字。言而有信者，会得到大家的尊重；言而无信者，会失去大家的信任。在社交场合中，说话要算话，绝不食言，要言而有信，行而有果。

### （六）忌衣冠不整

俗话说："人不可貌相，海水不可斗量。"可在社会上，以貌取人、以衣着取人的情况时有发生。因此，外出时要衣冠整洁，以便给人良好的"第一印象"。

### （七）忌忘恩负义

俗话说："滴水之恩，当涌泉相报。"中国人一贯讲究知恩图报。在你有困难的时候别人帮助过你，不应忘记，有机会时一定要报答别人的恩情。千万不要忘恩负义，更不能恩将仇报。否则，当你有困难的时候再没有人愿意向你伸出援助之手。

### （八）忌不尊重妇女

尊重妇女，是每一位有教养的男士应具有的品格和风度。

在社交场合，男士应尊重女士、照顾女士，时时处处遵守"女士优先"的原则。若在社交场合摆大男子汉的架子，不给女士应有的尊重，或者当女士需要帮助时视而不见、袖手旁观，自然会受到众人的批评。

【拓 展 训 练】

**案例分析一：**

小王：赵总，你好，我是大华公司的销售人员小王。这是我们产品的资料，你看你们是否感兴趣？

赵总：放这里吧！我有时间再看，如果感兴趣的话给你打电话。

小王：你看看，我们的设备质量好，而且价格也便宜……

赵总：对不起，我还有个会。我会和你联系的，好吗？

小王：……

（小王刚走，赵总顺手将小王提供的产品资料扔进了垃圾桶。）

**案例分析二：**

老李：赵总，您好，我是大华公司的销售人员老李。这是我们产品的资料，您看你们是否感兴趣？

赵总：放这里吧！我有时间再看，如果感兴趣的话给你打电话。

老李：如果用我们的设备，会比贵公司现在用的×型号的设备效率提高30％，而且节能10％……

赵总：效率提高30％？还节能？你是哪家公司？

赵总停下工作，随即翻阅了老李带来的资料。

同一家公司推荐同样的产品，怎么会有两种不同的待遇？请针对以上两个案例谈谈你的看法。

## 思 考 题

1. 称呼礼仪有哪些？
2. 选择交谈时的话题要遵循什么原则？
3. 打电话有怎样的礼仪要求？

# 第五章　待人之礼

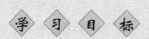

尊敬师长、友爱伙伴、宽容礼让、诚信待人。

## 第一节　家庭与待客礼仪

### 一、父母与子女相处的礼仪

#### （一）言传身教

常言说："近朱者赤，近墨者黑。"父母的言谈举止往往对子女起着潜移默化的教育作用。孩子身上总是刻有父母影响的痕迹，他们将家长的一言一行、一举一动都看在眼里，记在心上，甚至加以模仿。父母热爱工作，办事公正，待人热情，容易接近，知识丰富，好学上进，等等，都可以通过工作、学习、家庭生活对孩子产生一定的影响。父母在孩子面前以身作则非常重要，这能够为孩子树立一个可以信赖、可以效仿、可以直接感受到的好榜样。父母作为孩子的第一位老师，不仅要有做好父母的愿望，而且还应深入了解子女，尊重子女的独立人格、志向、兴趣和合理的选择。平时在家中要用正确的语言教育子女，以模范的行动影响子女。例如，不说违背社会准则和社会公德的话，不做违背社会准则和社会公德的事。创造良好的家庭环境，在生活中，夫妻要互相关心，相互体谅，尤其不要当着孩子的面吵架。对子女的同学、朋友来家中做客，应表示欢迎。在日常生活中，父母要说话算话，任何时候都不要对孩子撒谎。对孩子的许诺，要尽量兑现。要培养孩子诚实守信的品格，必须从父母做起，从日常行为做起。

### （二）一视同仁

父母与孩子之间应保持一种亲密无间的关系，俗话说："手心手背都是肉。"父母对子女应一视同仁，"一碗水端平"，对每个孩子都给予同样的爱。不要亲一个，疏一个，厚此薄彼，使孩子的心灵受到创伤。

### （三）教育有方

创造良好的家庭环境，需要家长根据不同情况对子女进行热情的鼓励和及时的批评教育。批评要讲究方式、方法，要循循善诱，启发引导，少训斥和唠叨，尽量不要当着外人的面批评孩子，否则会使孩子觉得在外人面前丢人了，容易产生没脸见人、破罐子破摔的想法。父母平时应注意发现和赞赏子女的优点，多鼓励孩子。对孩子提出的问题，父母要尽量给予答复，让他们从小就树立自尊心和自信心。教育子女要善于抓住时机，采取正确有效的方法。在现实生活中，在子女不求上进或犯错误之际，绝大多数父母都会采取一定的方式给予教育和帮助，听之任之的父母极少。问题在于，有些父母企图仅仅以"爱心"来感化孩子，结果"慈爱"过度从而变成了"溺爱"，不但未能使子女上进或改正缺点，反而使其更加不在乎；有些父母则对子女过于严厉，动辄训斥、责骂，甚至采用暴力解决问题的方式，这常使子女产生逆反心理。由此看来，"棍棒底下出孝子"的古训已过时，而循循善诱的教育方法依然放射出理性的光彩。

### （四）作风民主

进入信息化社会后，行业竞争日趋激烈，人们的生活节奏越来越快。胸怀大志的年轻人奋发上进，学文化、学技术、学外语、学管理等，学习相当紧张，工作比较繁忙。细心的家长不仅要关心子女的衣食住行，还要格外重视他们的成长和进步。一般说来，朝气蓬勃的年轻人更喜欢自由宽松的生活、学习、工作环境。因此，父母要多理解子女，在家庭生活中尽量给孩子创造较宽松的氛围，当子女在生活、学习、工作中遇到困难时，父母可提供一些参考意见，少一点命令，多一些沟通。

## 二、年轻人与父母以及其他人相处的礼仪

年轻人都希望自己有个良好的成长环境，很羡慕和谐的家庭气氛。其实作为年轻人，其在家庭中的言行对于营造温馨的家庭气氛有着极为重要的作用，只是还有一部分年轻人尚未意识到这一点。那么，年轻人究竟应该怎么做呢？

大家都清楚这样一个事实：自己的成长进步，都凝结了父母的心血和汗水，自己虽然很爱父母，但在日常生活中，往往不能忍受父母的唠叨、事事过问。不少人为此烦恼，有人甚至采取对抗的态度顶撞父母。这样一来，父母和子女之间就免不了发生口角与冷战。如果换另外一种态度来对待父母的这种关心，情况就会不一样。例如，先耐心听父母说，不急于表明自己的想法，或者以征求父母意见的方式，阐述自己的想法，询问一下这样做是否合理。因为无论与父母存在多大的分歧，有一个前提是不该违背的，

那就是尊重父母。虚心学习父母的优点，当父母言行不当时，做子女的要委婉地批评，耐心地说服，做到这一点，父母也会变得心平气和起来。有的年轻人在生活中常与父母发生冷战；有的年轻人在外面比较活跃，回到家里却变得比较沉闷，不愿意主动与父母沟通，父母问一句他才答一句，甚至对父母的关心也表示反感；有的年轻人常与父母发生争吵。这些都给家庭带来了不愉快的气氛。如果家庭成员每天都能抽点儿时间进行交流，沟通一下各自的情况，也许要比偶尔为家人送个小礼物更令他们高兴。因为他们不仅可以通过与你的交谈了解到你的情况，而且还了解到一个很重要的信息：你依然爱他们，愿意向他们倾诉。

在家孝敬长辈，可以从许多细微之处做起。例如，早晨起床之后，向长辈道声"早安"；外出或回到家后，与父母打声招呼；平时吃东西前，先问问父母吃不吃；父母身体不适时，要多关心、多问候，尽可能多地陪陪他们；记住父母的生日并在当天送上祝福。生活中多为父母分担家务，主动为父母分忧，这是最好的尽孝方式。远离家乡的子女，可通过电话、邮件等问候父母。这些看起来似乎是微不足道、做起来非常容易的区区小事，却可以给父母带来莫大的精神安慰。

孝敬父母是每一个子女都应做到的，而在与其他人接触时，我们也应做到宽容礼让，诚信待人。比如，遇见他人时面带微笑而不是冷若冰霜；在他人无心犯错之后学会原谅他人；给予别人力所能及的帮助；尊重少数民族和外国友人的风俗习惯；进别人房间之前先敲门，得到应允后再进入；使用他人的东西要征得他人的同意，用后及时归还并致谢；上网聊天时文明用语，不编发或转发恶意造谣、诽谤的帖子；及时回复正常交往中的手机短信、电子邮件；尽力完成答应别人的事情；等等。

### 三、夫妻之间的礼仪

夫妻关系的好坏，是家庭生活幸福与否的关键。有些年轻人认为，夫妻结婚后，就是一家人了，没有什么可以见外的。于是，有些夫妻彼此谈话很随便，开玩笑也没有了尺度，有时无意中伤害了对方，自己还毫未察觉。这样，时间长了就会影响夫妻感情。由此看来，夫妻在家庭生活中朝夕相处，若要保持甜蜜的爱情，就应当研究夫妻相处的礼节。

众所周知，中国有一对夫妇一辈子相敬如宾，堪称夫妻的楷模，这对令人敬佩的夫妇就是周恩来与邓颖超。他们总结出夫妻相处的宝贵经验——"八互"，即互敬、互爱、互学、互助、互让、互谅、互慰、互勉。这八条宝贵的经验，值得每一对夫妻学习和借鉴。

#### （一）互敬

互敬即相互尊重，相敬如宾。例如，在一次青年联合会上，女教师小吕准备上台参加歌唱比赛，她的丈夫大张悄悄叮嘱说："别紧张，你一定能成功！"小吕说："谢谢你的鼓励。"这段对话听起来再平常不过，但事后，大张的朋友小于提起这件事，竟说了一句："跟你媳妇儿还虚虚假假的，太酸了。"其实，夫妻虽是一家，相互间多说几句"谢谢""请帮帮忙"或鼓励之类的话，并不是多余的。这样做既体现出尊重对方，又能加深彼此的感情。

### （二）互爱

互爱即互相体贴，温情脉脉。俗话说，"知夫莫若妻"，"知妻莫若夫"。夫妻在一起生活，相互了解彼此的性格、爱好和生活习惯等，丈夫不要在婚后变得粗暴，妻子也不要在婚后变得俗气。夫妻虽然不再常有恋爱时花前月下的浪漫，但体贴对方的话要常讲，关心对方的话要常说，不要忘了感情的交流。一个眼神，一个手势，一声亲切的呼唤，无不包含着深情厚谊。

### （三）互学

互学即互相学习，取长补短。夫妻各有长处，不论在事业上还是在日常生活中，要多看到对方的长处，学习对方的优点，弥补自己的缺点，不断进步。

### （四）互助

互助即互相支持、互相帮助。夫妻应共同承担家务，丈夫不妨多干点儿力气活。夫妻在事业上更要互相帮助、互相支持，共同走向人生的辉煌。

### （五）互让

互让即互相谦让，切莫唯我独尊。夫妻之间要提倡平等，遇事多商量。丈夫不要染上"大男子主义"，妻子也不要让丈夫患上"妻管严"。你敬我一尺，我敬你一丈，彼此多给对方一些理解和空间，夫妻感情会更加亲密、牢固。

### （六）互谅

互谅即学会宽容，互相谅解。俗话说："金无足赤，人无完人。"何况"人有失手"。丈夫可能做事比较粗心，妻子要能够容忍；妻子或许比较啰唆，丈夫要予以谅解，彼此求同存异，互相靠拢。

### （七）互慰

互慰即互相关照，彼此安慰。人生的道路曲折、漫长，不可能事事都称心如意、一帆风顺。当一方在前进的道路上遇到挫折后，另一方不要讽刺、挖苦甚至奚落，而应当多安慰对方，一起分析产生挫折的原因，总结经验教训，让失败变为成功之母。

### （八）互勉

互勉即互相鼓励，互相鼓舞。当一方取得成功时，另一方应表示热烈祝贺，并一起分享成功的欢乐，同时激励对方再接再厉，不断开拓前进。夫妻不论处在顺境还是逆境，都要互相理解，互相信任，互相支持，携手并肩，一步步走向胜利的彼岸。

## 四、邻里关系

俗话说:"远亲不如近邻。"虽然近年来,城乡居民的住房条件得到较大改善,但是目前住别墅的市民毕竟只是极少数,绝大多数城市家庭还是与楼上楼下、左邻右舍的居民为邻。

住在居民楼里,大家都希望处理好邻里关系,相安无事。可仍有不少家庭事与愿违,或为噪音烦恼,或为楼上的住户乱扔东西烦恼,或为孩子打架等产生纠纷,甚至反目成仇。而凡是与邻居保持良好关系的家庭,大多比较讲究邻居礼仪。

邻居礼仪有许多讲究,最基本的礼仪有以下两点。

### (一) 彼此尊重

在一栋楼或一个院子里,住着各种各样的人。但不论从事什么工作、不论职位高低,每个人在人格上和法律面前彼此之间都是平等的。因此,大家应彼此尊重,见面时互相问候,至少应点头致意。邻里之间同居一处,容易了解各家的生活习惯,但千万不要打听别人家的隐私,更不要东家长、西家短,或捕风捉影、搬弄是非,以免邻里之间产生矛盾和纠纷。

### (二) 互相关照

相邻住户之间为邻居,大家生活在一个共同的空间内,应讲究社会公德,注意维护环境卫生,合理使用院内天井或楼道空间。公用电灯坏了,立刻买新灯泡换上;楼梯脏了,及时打扫干净。做事情和娱乐时,要为邻居着想。例如,不要在隔壁邻居午休时,往墙上敲敲打打;晚上听歌曲或唱卡拉OK时,不要把音响的声音开得太大,以免影响邻居的生活和休息。

邻里之间要互相关照,有事互相帮忙,而不要以邻为壑,甚至"老死不相往来"。还没有安装煤气管道的住户,遇见邻居换液化气罐,不妨搭把手帮忙抬上楼;当邻居家夫妻吵嘴、打架,闹得不可开交时,作为关系不错的邻居,不要袖手旁观,更不能火上浇油,而应当酌情劝架,积极做调解工作。

俗话说:"邻里好,赛金宝。"讲究邻居礼仪,妥善处理好邻里关系,就能建立起真诚的友谊。而友好的邻里关系能给生活增添不少乐趣,使小家庭与大家庭生活气氛更祥和、更温馨。

# 第二节 拜访与馈赠礼仪

## 一、拜访

拜访，一般是指前往他人的工作地点或私人住所会晤对方、探望对方，或者进行其他方面的接触。拜访是一种双向的活动。宾主双方都必须恪守本分，依照相应的礼仪规范行事。

拜访分为事务性拜访、礼节性拜访、私人性拜访。

### （一）事务性拜访

1. 拜访准备

（1）事先预约

拜访客户或朋友，务必事先约定，这是进行拜访活动的首要原则。约定拜访时间和地点，不要在客户刚上班、快下班、异常繁忙、开会、休息或用餐时间去拜访，而应该让对方提前安排，不影响客人休息及工作，切忌搞"突然袭击"，做"不速之客"！不得已要临时决定拜访时必须至少提前5分钟打个电话。

（2）心理准备

制定拜访目标，明确谈话主题、思路和内容，明确如何遣词造句。克服恐惧感，增强承受挫折的能力，对成功拥有期望。

（3）物品准备

拜访前一定要认真阅读拜访对象的个人和公司资料，充分准备好相关内容，以免措手不及，避免拜访时有疏忽。

检查各项携带物如名片、笔和记录本、电话簿、磁卡或现金、计算器、公司介绍、产品介绍、合同等是否齐备。准备周全，降低成本，省时省力。

拜访前，一定要提前备好自己的名片，放在容易取出的地方。

提前准备适宜的礼品。

（4）形象准备

出门拜访之前，应根据拜访的对象、目的等，将自己适当加以修饰。良好的形象反映出你对被访者的尊重。

正式的公务拜访，不可像朋友间的拜访那样随意，而应穿着整齐大方、干净整洁，和自己的职业相称。

（5）如期而至

出发准备：最好与客户通电话确认一下，以防对方临时发生变化。选好交通路线，算好时间出发,确保提前5~10分钟到达。

2. 拜访中

(1) 到了客户办公大楼门前

整装一次,如提前到达,不要在被访公司溜达。

举止文雅:无论是到办公室还是寓所拜访,一定要做到彬彬有礼,衣冠整洁,谈吐得体,体现自己的职业感。冒失邋遢的客人都是不受欢迎的。

(2) 入室前

门前有脚垫要先在脚垫上擦净鞋底,不要把脏的东西带进室内。若戴有帽子或墨镜,进入室内应该摘下。

(3) 进入室内

应该先敲门或按门铃,待到有回应或有人开门相让,才可以进门,不要冒失地随意进入。敲门要点:食指弯曲,用指关节敲门,力度适中,间隔有序地敲三下,等待回应。

(4) 打招呼

在客户未开口之前,以亲切的语调向客户打招呼问候,如:"王经理,早上好!"

(5) 自我介绍

表明公司名称及自己姓名,并双手递上名片。在交换名片后,对客户表达谢意,如:"这是我的名片,谢谢您能抽出时间见我!"

(6) 拉近距离

营造良好的氛围,以拉近彼此间的距离,缓和客户因陌生人来访而产生的紧张情绪,如:"王经理,我是您部门的张工介绍来的,听他说,您是一个很随和的领导。"

(7) 开场白的结构

开场白包括提出议程、陈述议程对客户的价值、约定时间、询问受访者是否接受,如:"王经理,今天我是专门来向您了解贵公司对××产品的一些需求情况,知道你们的计划和需求,我可以为你们提供更方便的服务,我们大约需要谈5分钟,您看可以吗?"

(8) 巧妙运用询问术

① 设计好问题漏斗。通过询问客户来达到探寻客户需求的真正目的。在询问客户时,要采用由宽到窄的方式逐渐进行深度探寻,如"王经理,您能不能介绍一下贵公司今年总体的商品销售趋势和情况?""贵公司在哪些方面有重点需求?""贵公司对××产品的需求情况,您能介绍一下吗?"等等。

② 结合运用扩大询问法和限定询问法。采用扩大询问法,可以让客户自由地发挥,让他多说,如:"王经理,贵公司的产品需求计划是如何报审的呢?"而采用限定询问法,则让客户始终不远离会谈的主题,限定客户回答问题的方向,如:"王经理,像我

们提交的一些供货计划，是需要通过您的审批后才能在您下属的部门去落实吗？"

不要采用封闭话题式的询问法来代替客户作答，以免造成对话的终止，如："王经理，你们每个月销售××产品大概是六万元，对吧？"

③ 对客户谈到的要点进行总结并确定。根据会谈过程中你所记下的重点，对客户所谈到的内容进行简单总结，确保清楚、完整，并得到客户的同意，如："王经理，今天我跟您约定的时间已经到了，很高兴从您这里听到了这么多宝贵的信息，真的很感谢您！您今天所谈到的内容，一是关于……二是关于……三是关于……是这些，对吗？"

（9）约定下次拜访的内容和时间

在结束初次拜访时，应该再次确认本次来访的主要目的是否实现，然后向客户叙述下次拜访的目的，约定下次拜访的时间，如："王经理，今天很感谢您用这么长的时间给我提供了这么多宝贵的信息。根据您今天所谈到的内容，我回去好好制订一个供货方案，然后再来向您汇报。我下周二上午将方案带过来请您审阅，您看可以吗？"

（10）适时告辞

① 事先要有打算，以免拜访时跑"马拉松"。

② 若拜访的目的已达到，则应该及时告辞。

③ 对方的反应和态度是晴雨表：一是话不投机，或当你谈话时主人反应冷淡；二是主人不停地看表，这时一定要毫不犹豫地起身告辞。

3. 拜访后

① 和对方握手告辞，不要起身后一去不回头，让主人觉得很失望。

② 切忌在回程的电梯或走廊里窃窃私语，以免被人误会。

4. 拜访交流时的礼仪忌讳

① 将随身带来的外套、雨具等放到主人指定的地点，不要随处乱放。

② 主人没有提出就座就不能随便坐下。主人让座之后一定要表示谢意，不能有不文明的行为。

③ 不要随便抽烟并把烟灰、纸屑等污物随意扔在地上或茶几上。

④ 不要翻动别人的书信和工艺品。

⑤ 等候超过一刻钟，可向接待人员询问有关情况，但在等候过程中不要和别人闲谈以消磨时间。

（二）私人拜访

1. 拜访前

在去某位亲朋好友家拜访之前，应该在当面约定或打电话约好合适的时间之后再行前往，这样既尊重对方又便于让对方做一些准备，拜访才能在宾主双方都方便的情况下愉快地进行。如果不打招呼就贸然前往，很可能会打乱主人的计划，给其工作和生活带来不便。在预约时，如果是自己主动提出拜访对方，语言应谦逊，语气要缓和，时间安排要与对方商量，拜访的时间选择最好要考虑到对方的方便，应尽量避开对方可能不便的时间，如难得的节假日、工作忙碌的时间、用餐时间、午休时间、凌晨或深夜。一般选在周末或晚饭后去拜访比较好，这个时间主人一般都有接待来访者的思想准备。如果有变动或因特殊情况不能前去，应尽早提前通知对方，并表示歉意，无故失约是很不礼貌的。如果对方要拜访自己，通常不要拒绝，若确实有事不能接待，一定要充分说明原因。

2. 拜访时

(1) 上门有礼

应当脱下外套，摘下帽子、墨镜、手套。

(2) 为客有方

进门后应先向主人打招呼，并同主人的家属及其他人打招呼，若带有水果、鲜花等礼物，则此时可递上。按主人指定的位置入座，并注意坐姿。主人递上泡好的茶，应双手接过并致谢；主人请吃水果、小食，可适当吃一点儿，注意不要乱扔果皮，也不要边吃边走来走去看主人家的藏书，以免果汁和食品屑洒落在地上或书上。交谈时要专心，不要左顾右盼，不要自以为是地乱发议论或卖弄自己。若对其他房间感兴趣可以提出参观的请求，在主人的带领下参观，参观时要对主人引以为豪的地方及时赞美，参观时不要对主人的亲属、朋友表现出过多的兴趣。

## 二、待客礼仪

礼貌待客是中华民族的传统美德。"有朋自远方来，不亦乐乎！"孔子的这句名言千百年来一直被好客的国人所传诵。

邀请亲朋好友到家里做客，最好事先做些准备，诸如整理仪表，整理房间，备点水果、饮料等。待客时主人的仪表往往与其对客人的尊重程度成正比。客人应邀而至时，主人应起身迎接，或提前到门口等候。对于一般的客人，主人可以在家中静候，客人叩门时主人应亲自开门迎接；对于较重要的客人，主人要到楼下或电梯口迎接；对于非常重要的客人，主人要则要在航班、轮船、火车或汽车到站前，到机场、码头、车站迎接。

客人来了之后，主人要热情接待。主人向客人表示问候，并主动伸手与客人相握。如果客人不是一位，则要按照主次顺序先后与客人握手。把客人迎进屋后，安排客人就座。给客人端茶时，应用双手递上，一手抓住杯耳，一手托住杯底，杯中茶水斟七八分满即可，太满则有逐客之意。茶杯不要从客人正面端上，应从客人的右侧递送为宜。奉茶的顺序应当是先宾后主，先主宾后其他宾客，先年长宾客后年轻宾客，先女宾后男宾。续水时应将茶杯从桌上拿起。

主人与客人交谈时，态度要诚恳，要一心一意，不要三心二意，不要频繁地出出进进，更不要总是看手表或打哈欠，以免对方误解是在下逐客令。

对于事先没有预约的不速之客，主人一般也应善待。

当客人提出告辞时，主人可诚意挽留；或主随客便，等客人起身后自己再起身相送。送客时，请客人走在前面。快到门口时，主人应上前替客人把门打开，让客人先出去。如果送客人乘电梯，主人应当等电梯关门后再离开。对年长的客人或长辈，若主人住在楼上，则应送到楼下，再握手道别，并目送客人离去；对于自己驱车前来的客人，则应送至车前，等车开后挥手道别；对于非常重要（或远道而来）的客人，则要送至车站、码头或机场。值得注意的是，送客出门时，不应主动与客人握手；客人出门后，关门要轻。

如果来者不是自己的客人，而是父母或兄妹的朋友等，也应该热情接待，不要因为不认识而对其态度冷淡。相反，要帮助家人招待好客人，先为客人倒茶水，然后再去继续做自己的事。善待家人的朋友，不仅能使自己有广泛的交往，还会由此加深家人之间的情感；反之，则会使亲人疏远。好客并讲究待客礼仪的家庭，朋友会越来越多，亲戚会越走越亲。

## 三、馈赠礼仪

### （一）馈赠礼仪

1. 见机行事

送礼是人之常情，也是人际交往的一种重要形式，人们通过送礼表达心意。送礼要掌握好时机。逢年过节，亲友间你来我往，互赠礼品，以联络感情；同学、同事过生日或乔迁新居时，送去一份礼品，以示祝贺；接受别人帮助后，适时送一些礼物，表达感激之情；探望生病住院的友人时，送上一些水果、营养品或一束鲜花（需要注意的是，有的人对鲜花过敏）等，以示关心；应邀做客时，给主人带份礼物，以表敬意；给即将出远门的老乡送点儿旅途用品，以及给生活困难的亲友必要的接济；等等。总之，送礼应见机行事，合乎情理，彼此觉得正常、自然和心安理得，而不要盲目地、无缘无故地送礼。否则，自己破费了不说，还让受礼人感到突然和莫名其妙。

送礼贵在及时，要"雪中送炭"，送在"节骨眼上"，而不要"雨后送伞"。譬如，在某位好友的生日过了几天之后才想起应送一份贺礼，此时，事过境迁，再送贺礼已缺乏诚意与情趣，倒不如另择时机，再表心意。

2. 投其所好

送礼的对象多种多样，由于每个人的阅历、爱好不同，故而对物品的喜欢也不尽相同。因此，送礼若想博得对方的"欢心"，就需要了解对方的爱好，要"投其所好"，选送给对方钟爱的物品。例如，给书法爱好者送一套文房四宝——笔、墨、纸、砚；给酷爱垂钓者送一副渔具或一根钓竿；给乒乓球爱好者送一件运动衣或一对乒乓球拍；给喜欢阅读的朋友送一套经典的图书……

送礼应讲究针对性，因人而异。例如，给腿脚不灵的老人送一根雕刻精美的手杖；给天真活泼的儿童送一盒智力玩具或一套学习用品；给恋人送一枚雅致的叶脉书签；给丈夫送一条漂亮的领带；给妻子送一条美丽的围巾；等等。给家境宽裕者送礼，宜讲究礼品的艺术性，如送一只景泰蓝或一幅国画；而给经济拮据者送礼，则应注重礼品的实用性，如送食物、衣服等实惠的东西。

常言说："千里送鹅毛，礼轻情意重。"送礼贵在情真意切。价格昂贵的物品不一定就是最合适、最令人满意的礼品。何况，送礼者必须量力而行，从自身的经济条件出发，切不可"打肿脸充胖子"，尽可能选择新颖、别致、稀奇的礼品，不落俗套，而不必一味追求贵重的礼品。此外，赠送的礼品应避免与他人所送的礼品雷同。

3. 讲究礼仪

送礼要选择恰当的时机，准备合适的礼品，此外，还应讲究送礼礼仪。

选购好礼物后，可请售货员帮忙将礼物包装好。礼品上若有价格标签，送人前应取下标签。若是自己制作的礼品，最好用专用的礼品纸包好，然后用彩带系成花结。经过精心包装的礼品看起来更精美，也显示出送礼人的深情厚谊。

送礼宜在私下进行。一般由送礼人当面送给受礼人，通常在刚见面时或临分手之前送上。送礼时要热情大方，礼貌地用双手或右手把礼品交给受礼人，同时讲几句表达祝福的话。

送礼时切忌摆出一副救世主的面孔，仿佛施舍于人，那样会令受礼人一肚子不痛快，进而产生抵触情绪；当然也不要畏畏缩缩或表现出无可奈何、不得已而为之的样子，更不要到处宣扬送礼事宜，使受礼人产生不快甚至精神上的压力。

### （二）受礼礼仪

1. 大方受礼

在一般情况下，对于他人诚心诚意赠送的礼品，只要不是违法、违规的物品，最好的方式应该是大大方方、欣然接受为好，当然在接受前适当地表示一下谦让也未尝不可，在国内这往往成为必要的环节。

受礼时不可忸怩作态，或盯住礼品不放；或过早伸手去接；或拒不以手去接，推辞再三后才接下。

2. 表示感谢

当赠送者向受赠者赠送礼品时，受赠者应停止自己正在做的事，起身站立，双手接受礼品，然后伸出右手，同对方握手，并向对方表示感谢。说几句诸如"不应该破费"之类的客套话。

受礼后一般应赞美礼品的精致、优雅或实用，夸奖赠礼者考虑得周到和细致，并伴有发自内心的感谢之辞。

3. 打开欣赏

打开欣赏，是表示看重对方，也很看重对方赠送的礼品。这样做，比把礼品放在一旁，待他人走后再拆封独自欣赏更好。

礼品启封时，要注意动作文雅，不要乱撕、乱扯，不要随手乱扔包装用品。

开封后，赠送者还可以对礼品稍稍进行介绍和说明，说明要恰到好处，不应过分炫耀。

受赠者可以采取适当的动作对礼品表示欣赏之意并加以称道，然后将礼品放置在适当的地方，向赠送者再次道谢。切不可表示不敬之意或对礼品说三道四、吹毛求疵。

接受别人的馈赠后，除了办丧事等特殊情况不宜立即还礼之外，一般都要尽快还礼，或待适当时机来临时给予回赠，以加强交流，增进情谊。"礼尚往来"是中华民族世代相传的美德，值得继承并发扬光大。

4. 拒绝礼品的礼仪

并不是什么礼品都可以收受，比如并不熟悉的人送的极其昂贵的礼品、接受后可能与违法乱纪行为发生牵连的礼品、接受后或许会受到对方控制的礼品。在拒绝接受这些礼品时我们也要讲究礼仪，应保持礼貌、从容、自然、友好的态度，先向对方表达感谢之情，再向对方详细说明拒收的原因，以免使对方难堪。

### 小知识

**各国赠送礼品的禁忌常识**

**英国人**

一般送价格不贵但有纪念意义的礼物，切记不要送百合花，因为这意味着死亡。

**美国人**

忌送香烟、香水、内衣、药品以及广告用品。

**法国人**

送花的时候不要送菊花、杜鹃花及黄色的花；不要送带有仙鹤图案的礼物；也不要送核桃。他们认为仙鹤是淫妇的标志，而核桃是不吉祥的象征。不宜以刀、剑、剪刀、餐具，或是带有明显的广告标志的物品作为礼品。男士向关系一般的女士赠送香水也被看作是不合适的。

**德国人**

向德国人赠送礼品时，不宜选择刀、剑、剪刀和餐具。以褐色、白色、黑色的包装纸盒或彩带包装、捆扎礼品，也是不被允许的。

**意大利人**

切勿将手帕、丝织品和亚麻织品送给意大利人。意大利人认为，手帕主要是擦眼泪的，因此属于令人悲情之物，故不宜送人。

**俄罗斯人**

最忌讳送钱给别人，因为这意味着施舍和侮辱。

**日本人**

忌送梳子、圆珠笔、T恤衫、火柴、广告帽等，也不要送带有狐狸、獾图案的礼物，因为梳子的发音与死相近。在包装礼品时，不要扎蝴蝶结。另外，菊花一般是日本王室的专用花卉，所以也不能送人。

【拓展训练】

**案例分析**

在国际交往中，互赠礼品的环节必不可少，而国家领导人之间的互赠礼物更是经过周密思考。互赠礼物不仅是外交礼仪的一部分，也折射出种种寓意、人情，耐人寻味。

1972年2月，美国总统尼克松访华时，向毛泽东赠送了一批厚重国礼，包括象征和平的瓷塑天鹅和水晶玻璃花瓶。当时，周恩来代表毛泽东和中国政府与尼克松和美国政府互赠礼品。周恩来拿出了三样东西：白玉提毛扇梁油瓶一件、双面苏州刺绣大屏风一樘、玻璃纱手绣台布一套。除此之外，毛泽东还挥毫泼墨，加送了尼克松三副条幅，字面分别是"老头坐凳""嫦娥奔月""走马观花"。

你从此案例中能看出中美双方互赠礼物的寓意吗？

## 第三节 师生交往礼仪

### 一、学生尊师礼仪

**（一）学生尊师重教礼仪**

老师的工作非常辛苦，每天都要认真备课、辅导和批改作业，深入研究问题，广泛查找资料。所以，学生在上课前，应主动帮助老师拿教具、擦黑板、打开投影设备等；课后，应帮助老师送教具、整理实验室、抄写资料等。学生也可以利用业余时间，帮助老师干一些力所能及的事情。当老师生病或遭遇其他变故时，应及时前去看望和慰问。须注意的是，这是一种道义上的交往，应保持师生间的真挚情谊，不能演变成社会上的那种庸俗的彼此利用关系。

**（二）学生请教交谈礼仪**

学生在和老师说话时，应主动请老师坐。若老师不坐，学生应该和老师一样站着说话。只有等老师坐下，并请学生坐，学生才可以坐着与老师说话。学生无论是站着还是坐着，都应姿势端正，不可东张西望、抓耳挠腮、抖腿搁脚，应双目凝视老师，认真地听老师说话，不可心不在焉。如果老师说的话学生感到不理解或无法接受，并有不同看法时，可不必隐瞒，应谦虚而诚恳地向老师请教，直到弄明白为止。

### （三）学生进办公室礼仪

学生进办公室要注意仪表及着装。进门前，要轻轻敲门或喊"报告"，不管门是开着、掩着还是关着，都要在征得老师同意后方可进入。学生进入办公室后要向在场的所有老师问好，未经老师邀请不可随意坐下，而应站着聆听老师讲话。如果要找的老师不在，应礼貌地询问同一办公室的其他老师，可根据情况说明自己的姓名或所在班级，有什么事，何时再联系等，之后，道谢再走。切忌贸然推门进入办公室，或站在门口探一下脑袋，旁若无人地环视办公室，当发现要找的老师不在时，便扭头（缩头）就走，或用学科代替称谓询问办公室里的其他老师，如："我们的语文老师来了吗？"让人不知道到底找谁。如确实不知道所要找的老师姓名，应事先进行一番"调查"，这才是起码的礼貌。在办公室内，不能乱翻乱摸桌上的材料物品，或私自动用电话等办公设备。

与老师谈话或汇报工作时，要认真倾听老师的讲话。与老师交流，应该用50%以上的时间注视着老师，注视位置大致在老师的眼睛和鼻子之间的三角区，必要时点头应和老师的讲话。跟老师说话时表情自然，感情真挚，音量要适中。与老师之间保持1.5米左右的距离，太近和太远都是不礼貌的。若不赞成老师的观点，不要直接顶撞，更不要反问和质问老师，而应婉转地表示自己的看法，比如，可以说"这个问题值得我考虑一下，不过我认为似乎……"等。谈话结束时，要向老师表示谢意，并为自己的打扰而致歉。若是坐着，应先起立把凳子放回原处，再向老师道谢、说"再见"；若老师起立目送，应请老师坐下；若老师举步相送，应请老师留步。

### （四）学生拜访老师礼仪

学生去老师家拜访，不论是学习咨询、祝贺节日、关切探望患病老师，还是请老师帮助排难解疑等，都要事先告诉老师，以免自己碰壁或弄得老师措手不及。拜访时，学生要服饰整洁，按预约时间到达，敲门并等人招呼后再进门。要与老师家所有见面的人打招呼，称呼要得体。如在场的人多，有不熟悉的，则可泛泛问候"大家好"。当老师或其家人递茶水时，应起立双手接过，并道谢。有新客人来访且老师做了介绍时，应主动起立招呼、问候，若发现因自己在场有所不便或拜访时间已经不短时，应马上告辞。告辞时，要与所有人道别，请老师留步。拜访时若老师有急事出门了，可留下字条给其家人或其邻居；如果学生因故不能赴约，一定要设法提前通知，以免老师等候与牵挂。

### （五）学生尊师禁忌

学生不宜对老师直呼其名，应在姓或名字后加"老师"二字。严师出高徒，学生不能因为受到老师的批评、自己考试不及格等原因而怀恨在心，或对老师无理取闹，或在背后败坏老师的名誉。不应对自己不喜欢或自己不习惯其授课方式的老师说长道短。不能为了当班干部，或为了调到自己认为合适的班级，或为了评"三好学生"，或为了考试及格，而向老师行贿。学生不应忘记师恩，不应打听、传播老师的个人生活和私事，更不应向老师表白不恰当的感情。

## 二、同学之间交往礼仪

### （一）一般交往礼仪

与同学相处，不论自己与对方具体关系如何，均应对其表现出应有的尊重，并且以礼相待、以诚待人、与人为善。对待同学要态度谦虚随和，不要故步自封、狂傲自满，拒人于千里之外，也不要逢迎不迭、随声附和。要团结同学、互相帮助、共同进步、理解宽容。不能无事生非、心胸狭窄、语言粗俗、满腹嫉妒和猜疑。不要打听别人的隐私或揭人短处，不要对他人的衣着和相貌评头论足。

去同学家拜访时，要事先征得双方家长的同意。到同学家要礼貌地与其家人打招呼，对其父母应称"伯父""伯母"或"叔叔""阿姨"，对于同学的其他亲属，可以随同学的称呼而称呼。在同学家做客，不能乱翻东西。本地近距离做客尽量不要在同学家就餐或留宿；异地做客，也不要停留时间过长，以免给对方家长添麻烦，干扰对方的正常生活。

### （二）异性交往礼仪

男女同学交往时，应该坦然相处、大大方方，只要是正常相处，完全不必顾虑重重、躲躲闪闪。一般情况下，男生比女生力气大，因而在体力劳动等方面，男生应主动关心、帮助和照顾女生。当然，异性之间的交往也应保持一定的距离，如旅游、游泳、散步、跳舞等活动，要提倡集体性。异性之间串门，要事先预约，时间的选择上要避开对方洗澡、午休和夜间就寝之际。进门之前应敲门，获得允许后，方可入内。

异性之间要注意举止得体、彬彬有礼、文雅大方，不要过于随便或粗俗，男生不要与女生凑得太近，或用手随意触碰女生。男生背后议论女生、贬低对方，或给女生的长相、身材、性格打分都是不礼貌、不道德的行为，这极易伤害同学的自尊心，从而妨害异性同学间的友谊。

学生时代，不宜早恋。但在拒绝同学的追求时，采取的措施要文明、有分寸，不可讥笑对方，更不可公开异性的求爱信，伤害对方的自尊心。

## 三、学生在教室所讲礼仪

课堂是教师对学生传授知识与技能的场所。讲究课堂礼仪，对于促进教师与学生的沟通，提高教学质量极为重要。

### （一）整洁的仪容穿着

学生进入教室要保持仪容整洁，富有朝气。男同学不要胡子拉碴、发型怪异；女同学不要化浓妆、穿着奇装异服、戴夸张首饰。夏天尤其不能穿背心、拖鞋到教室，也不能敞胸露怀。

### （二）得体的体态举止

学生听课时坐姿要端正，不能吃东西、喝水、嚼口香糖、玩手机、听音乐、照镜子等。具体要求如下：

① 入座时要轻要稳，坐在椅子上时至少要坐满椅子的2/3。女生入座时，若是裙装，应用手将裙稍微拢一下，入座后不要随意挪动椅子，以免发出巨大的或刺耳的声音。

② 就座后双肩平正放松，双臂自然弯曲放在课桌上，双手不要交叉放在胸前，不要抱起肩膀，也不要摊开双臂趴在桌子上或者将手放在臀部下面。

③ 立腰挺胸，上体自然垂直。不要前倾后仰或歪歪扭扭、东摇西晃，也不要斜靠在椅子上。

④ 双膝自然并拢，双腿正放，垂直于地面，双腿不要过于分开，也不要伸长，腿更不能不停地抖动。

⑤ 离座时，要自然稳当，右脚向后收半步再站起来。

### （三）整洁的卫生、秩序

①不要在黑板、墙壁、课桌椅上乱写乱画；不要在教室里乱扔果皮、纸屑、粉笔头，不随地吐痰；整理好自己的课桌和桌面，保持讲台的整洁。

②在教室里随时保持安静，维持良好的学习环境。课间不要追逐打闹，在走廊里行走时要靠右侧，不要飞速奔跑或猛然拐弯。

### （四）提前两分钟

上课前的两分钟，学生必须进入教室，做好上课的准备工作。教室内的这种严肃气氛，既能够为老师取得良好的教学效果打下基础，又能够密切师生之间的关系。再者，对学生本身来说，两分钟的准备工作也是从上一堂课转入下一堂课、从室外活动转入室内活动的一种过渡，能帮助学生尽快集中思想。学生可以利用这两分钟的时间从容地做好上课准备，如找出上课要使用的课本、笔记本以及其他文具；也可以端正地坐好，恭候并欢迎老师的到来。

每位同学都应提前做好上课准备，这既是尊重教师个人，也是尊重整个班集体的表现。所有学生都不能因为个人的准备工作尚未做好而影响整个班级的上课。教室应保持清洁卫生，不得喧哗。当老师走向讲台时，全体同学起立，待老师答礼后，方可坐下。

### （五）师生迟到后的礼仪

学生如果遇到特殊情况，不得已而在老师开始上课后进入教室，应特别注意举止的文明和礼仪的周到。

第一，在教室门口应先停下脚步喊"报告"。如果教室门关着或掩着，就应先轻轻敲门，在得到老师的允许后才能进入教室。

第二，要向老师说明迟到的原因，态度要诚恳。应在得到老师的谅解和允许后，方可入座。

第三，在走向自己的座位时，速度要快，脚步要轻，动作幅度要小。走到座位前，在放书包或取课本时，尽量不要发出太大的声音，更不要有任何滑稽的举止。

第四，坐下后应立即将注意力集中起来，端坐好，认真听老师讲课。

总之，迟到的学生须把因自己迟到而对课堂秩序所造成的影响减少到最低限度。

教师是教育者，在遵守校纪校规方面应成为学生的榜样。一般来说，教师上课应该准时，不应迟到。但生活中偶尔出现的一些特殊情况，使教师不能准时到达教室。此时，师生双方都应保持冷静，以正确的态度来对待这件事。作为学生，当发现老师在上课铃声响过后才进入课堂上课时，不要大惊小怪，不要喧哗，不要大声说话，而仍应起立向老师敬礼。当老师表示道歉时，学生应当表现出谅解和宽容的态度。这样会使老师感到温暖，使课堂教学取得良好的效果。

### （六）认真地听讲

上课时学生要专心听讲、精神饱满、坐姿端正、做好笔记。不要心不在焉、打哈欠、打瞌睡；不要与同学说悄悄话、听耳机或看其他书报；更不要吃东西、下棋、打牌或玩游戏。要保持安静，最好不要携带手机，手机带在身边的也应关闭或将其调成静音状态，不要发出声响干扰课堂教学，更不能在上课过程中离席接听或回拨电话。

学生提问或回答问题前要先举手，待老师示意后方可进行。发言时应自觉起立，目光正视老师，声音清晰、洪亮，使老师和学生都能听清。站姿和表情要大方，不要搔首弄姿或者故意做出滑稽的举止以引人发笑。其他学生要专心听同学发言，不随便插话。当老师点名要你回答问题，而你又确实不会回答时，应站起来以抱歉的口吻诚实地说明自己不会回答这个问题，千万不要不懂装懂。

老师讲课时，一般不允许学生中途离开教室。如果遇到特殊情况，学生必须中途离开，则应在老师讲完一个段落，或者讲完一个问题时再举手请假。得到允许后，要迅速而轻盈地走出教室。

老师在教学过程中出现差错，比如由于笔误写错字，或由于发音不准念错字，或由于一时记混而说错话等，这并不一定说明老师的水平低。作为学生应该正确对待老师在教学过程中出现的疏忽和差错，发现后应该选择适当的时机和方式，比如写纸条或等老师走到身边时悄悄地告诉他。沟通时，应使用请教或商量的口气以及采取谦和的态度，让老师有思考和商榷的余地，不应故意使老师当场难堪。

### （七）文明下课

若老师尚未宣布下课，则不要急于收拾东西，或把桌子弄得乒乓作响，这是对老师的不尊重。下课时要全体起立，师生互道"再见"，老师离开课堂后，学生方可自由活动。自由活动时，不宜在教室或教学楼里大声喧哗、追逐打闹。

课间要为老师擦净黑板，整理好讲台，准备好粉笔、黑板擦，主动帮老师打开电脑、多媒体设备等。

## 四、学生在宿舍所讲礼仪

在我国，全日制的大中专院校基本采用学生住宿制。集体宿舍是学生的基本生活单位，也是学生课余休息的重要场所。住校生读书期间有一半以上的时间要在宿舍里度过，所以，宿舍是住校生的"第一社会，第二家庭，第三课堂"，每一位住校生都有责任把第一社会风气搞好，把第二家庭生活过好，把第三课堂的课上好。

### （一）保持宿舍卫生

宿舍是大家共同生活的场所。干净整洁、美观舒适、充满生活情趣的生活环境，需要大家来共同创造和保持。

东汉时期，有个叫陈蕃的人，他年轻的时候很想干一番大事业，立志要"扫除天下"。可是，他从来不肯动手把自己家里的环境打扫干净。当时就有人批评他说："一室不扫，何以扫天下！"陈蕃不愿做扫地这样的事，说明他的大志是不实在的。从精神文明的角度来说这是空的。同样，一间学生宿舍里如果床铺乱糟糟、地面脏兮兮，就说明这些学生既缺乏劳动习惯和卫生习惯，又不讲究精神文明。

对住校的学生来说，宿舍是其主要生活环境之一，宿舍的面貌在一定程度上也能体现和反映这些学生的文化修养与思想修养，所以在寝室内应注意以下礼仪。

① 讲究个人卫生，培养良好的生活习惯。被褥要折叠得整齐美观，衣服、鞋帽要整齐地摆放在固定的地方。换下的脏衣服、脏鞋袜要及时清洗和晾干，未洗之前不可乱丢，要放在隐秘避嫌的地方，并将自己的其他物品认真归类且摆放整齐。

② 自觉遵守值日制度，并爱护寝室内的公用物品。在每日值扫和定期大扫除之后，还应共同做好保洁工作，以保证宿舍内没有杂物、纸屑、痰迹，门窗洁净，桌凳及公用物品摆放整齐，空气清新。在宿舍内不要抽烟。

③ 窗外不是垃圾堆。不能向楼下倒污水、扔废品、扔杂物。

④ 开水房的卫生离不开大家的共同维护。不要往水池里倾倒废物，剩饭剩菜要倒进泔水桶，以免堵塞下水道。发现堵塞后，要主动进行处理，必要时通知宿管员或修理工，不要漠不关心、置之不理。

⑤ 保持厕所卫生。大小便要入池，否则应该用纸擦拭或用水冲洗干净。便纸或卫生巾等应投入指定的垃圾篓，以免引起堵塞。便后要放水冲厕。

### （二）美化宿舍环境

宿舍可以分为两个部分加以美化，即室内公共部分和个人小天地。两部分的美化既要各具特色，又要协调一致。公共部分一般以花卉、盆景、书画、牌匾、工艺品等装饰，该部分确定了寝室的总体基调。个人小天地的美化是对该基调的丰富和深化，要突出个人的生活情趣，富于想象和创造，不拘泥于固定的形式。个人小天地一般用图片、手工艺品、玩偶、小型字匾来美化。尽量使个人小天地的美化与整个宿舍的总体美化相协调，不要因过于强调个性而破坏了整体的和谐美。在做墙面装饰时，不能破坏墙面，切忌张贴或悬挂不健康的海报、照片，应努力营造住校生应有的奋发向上、多姿多彩的宿舍文化氛围。另外，宿舍的美化还应考虑季节的变化，夏天应注意清爽，冬天应充满暖意。例如，寒冬时节在案头放置一盆水仙，瓶中插上几枝蜡梅，会给整个宿舍带来春天的气息。

### （三）保障他人休息

宿舍是学生休息的最主要的场所。如果得不到高质量的休息，学生就会无精打采，这必然会影响第二天的生活，更谈不上好好学习。因此在宿舍中，必须遵守大家共同制定的文明公约和作息时间，养成良好的生活习惯。

1. 按时起床

现今校园里，总有一部分学生晚上不愿睡，早上不愿起，有的甚至旷操、旷课。这样既影响自己的学习，也影响宿舍适时开窗通风换气。而另一部分学生起床太早，尤其是动作幅度比较大时，更使得别人欲起不忍、欲睡不成，时间久了就会造成他人心中不悦，甚至可能影响同学之间的关系。如果因为有事偶尔需要早早起床，应提前向室友们打招呼，起床时要特别注意动作轻柔，尽量不要弄出大的声响，尽快离开宿舍，以尽可能减少对他人睡眠的影响。

2. 准时归宿

只有准时归宿才能确保在熄灯前洗漱完毕，从而按时上床休息。无论是因为在教室苦读，还是因为其他原因而造成归宿迟了，干扰其他同学睡眠，都是非常不礼貌的。实在事出有因不得不推迟归宿，应该向舍友表示歉意，并努力把对舍友的惊扰减至最低。

3. 适时就寝

在学校规定或宿舍约定的就寝时间之前上床睡觉，应及时关闭光源、声源，不要使用电脑、手机，或开"卧谈会"，妨碍他人睡觉。

4. 不影响他人

当有人在宿舍里休息时，上下床过程中动作要轻，拿东西发出声响要小，说话尽量耳语。当与舍友同睡高低铺时，晚上如果实在睡不着，应尽量减少翻转次数，以免殃及上（或下）铺。

#### （四）尊重个人隐私

生活在同一间宿舍，同学之间互相开放的程度很大，但不等于同学之间没有个人隐私和秘密。

① 不要随便使用同学的生活、学习用具，不要翻看同学的笔记、书籍和物品，更不能将同学的东西据为己有。如有特殊情况需要借用，要事先向同学打招呼，征得对方同意。用后要及时归还，若有损坏，要照价赔偿。

② 不能翻看同学的日志，不能私拆、私藏同学的信件。

③ 不可打探同学的隐私。

④ 当同学有亲友来访，谈论一些私事时，其他同学要适当回避。绝不要在一旁偷听，更不要插嘴询问。

⑤ 某同学离校去处理个人私事，他人不该主动去打听或刨根问底，只要知道某同学向班主任或学校请过假即可。

#### （五）注意语言文明

语言是一个人道德情操和知识水平的反映，是人的心灵之窗。古人云："言，心声也；书，心画也。"有的同学脏话不离嘴，开口闭口嘴里说的都是被鲁迅先生痛斥的"国骂"；有的同学语言粗俗野蛮，稍不满意就出口不逊，轻则讽刺挖苦，重则彼此辱骂；有的同学语言庸俗，乐道男女私事，给同学起外号、打分、开不健康的玩笑等。语言的粗野无聊，是与大学生身份极不相称的。大学生在宿舍待人应谦恭有礼。早晨与同学、老师见面宜问一声"早上好"，晚上就寝前可与同学互相道一声"晚安"。在宿舍里如能坚持使用文明礼貌、诙谐幽默的语言，宿舍各成员之间关系必然和睦友爱，生活在这样的宿舍里也会感到舒心、温暖。

#### （六）以礼相处相待

中华民族素称"礼仪之邦"，彬彬有礼的风度历来备受人们的称誉，"以礼相待"是家喻户晓的格言。《礼记》中"有礼则安，无礼则危"的判断，深刻地揭示了"礼"的巨大社会作用。待人彬彬有礼，就能在人与人之间架起一座互相尊重和友爱的桥梁，使生活充满愉快与和谐。相反，待人粗暴无礼，只能招来别人的不满与怨恨。

1. 要互相尊重

同宿舍的同学可能会来自不同地区，由于曾经生活的环境、条件不同，大家彼此性格、脾气、爱好以及生活习惯也不尽相同，同学之间应互相体谅，做到互相尊重、互相关心、和睦相处、以礼相待。

2. 要互相关心

大家应亲如兄弟姐妹，在学习上互相帮助，在生活上互相照顾，在思想上互相鼓励。只有这样，大家才能心情舒畅，取得优异成绩。如果有同学遇到困难，大家应伸出友谊之手，给予帮助。当有同学取得好成绩时，大家应当为其高兴。另外，遇到同宿舍其他成员的亲友来访时，应热情接待，不可表现出"事不关己，高高挂起"的态度。

3. 要互相考虑

每位同学都要注意自己的行为，做到不妨碍他人，并遵守宿舍的有关规定。替他人考虑，通常都是表现在一些很细微的事情上，比如自觉把位置较好的床铺让给他人；在宿舍里，听到来找自己的人敲门或叫门声，不可轻易说"请进"，特别是在夏季更应如此，因为那样容易引起宿舍里穿着比较随意的成员的不方便，造成尴尬。

4. 要互相信任

一旦有东西丢失了，不要无依据地猜测，以免影响同学之间的关系。产生隔阂时，应主动交流，进行沟通，减少误会。

5. 要互谅互让

每位同学都应严于律己，宽以待人。如果因不小心妨碍到了他人，首先应说声"对不起"，受妨碍方不应毫无反应，而应马上回敬"没关系"或一个微笑，这一定会让对方获得安慰。学会忍旁人所不能忍，容他人所不能容，这不是吃亏，而是有涵养的表现。每位同学对自己的有可能会打扰他人的个性习惯都要努力克制，不可我行我素。

（七）学会集体生活

集体生活和在自己家生活不同，在宿舍随时都要谨记集体生活的规则。

① 在使用水龙头、晾衣绳及卫生间等公用设施时，应尽量礼让他人，在使用中要小心谨慎，不能故意破坏。

② 使用自来水要注意节约，使用完毕后要拧紧水龙头。

③ 节约用电，不偷电，不违章使用电器，比如电水壶、吹风机、热得快、卷发棒、拖线板等，空调不使用时要拔下插头，切断电源。

④ 宿舍没有人的时候，手机充电器不要插在插座上充电，那样有很大的安全隐患。晚上熄灯之后，应关闭手机，不要因发短信、打电话、听音乐等影响他人休息。

⑤ 如厕时，若门已坏或门虚掩着，不能确定里面是否有人的话，应先敲门，核实无人后再进入。

⑥ 不要过多地串门或在他人宿舍逗留过久，以免打乱他人正常的生活节奏。

⑦ 不在宿舍里从事商业性的营销活动。

⑧ 尊重宿管员和其他管理人员，配合他们的工作。

⑨ 注意安全，离开宿舍时要及时关门、关窗，不要擅自将不认识的人或其他来访者引进宿舍，更不可以留宿他人，发现可疑情况及时汇报。对上门推销的人员，不要轻信，也不要购买盗版、走私物品。

## 五、学生在自习课上所讲礼仪

自习课是"无声的课堂"，在自习课上关键是要维持室内安静的学习氛围，这是取得良好学习效果的保证。自习虽无老师授课，却仍然是课堂教学的延续，任何与学习内容不相干的事情都不宜在自习课上进行。所以，自习时在教室里与他人说话、打闹、玩扑克、玩手机等都是与教室学习环境格格不入的失礼行为。自习课尽量不要走动，若遇特殊情况出教室，则应动作轻柔，尽量不打扰到其他同学。有问题需要问别人时，交谈一定要压低声音，不影响别人。自习期间在楼道内也要轻手轻脚、低声细语，不能追逐打闹、高声喧哗。

### 六、学生使用手机礼仪

手机作为移动通信工具，主要目的是方便个人联络和确保信息交流的畅通无阻。

手机只是通信工具，而非可以抬升自己身价的"道具"或"饰物"。因此，不论何时何地都不要借此炫耀，更不要相互攀比。使用手机要注意公共秩序，不要在教室、自习室、会议室、图书馆等地拨打或接听电话，在这些场所，应将手机关闭或设置成静音状态。如果有电话呼入，不论在教室上课，还是在会议室开会，都不应马上走出室外接听，而应等到课间或会后再通话。

因故不方便通话，或遇到节假日时，可利用短信进行沟通、发送问候。短信要主题明确、言简意赅、没有歧义。发短信给不熟悉的人，一定要落款留名，让对方知道是谁发的。不要传播黄色短信、政治短信。不要在回复时只发一两个字，惜字如金往往会给对方很冷漠的感觉。

---

**小知识**

**网络礼仪的十条基本准则**

1. 记住别人的存在

互联网给予来自五湖四海的人们一个共同的地方聚集，这是高科技的优点，但往往也使得我们面对着计算机屏幕，忘了是在跟其他人打交道，我们的行为也因此容易变得更粗暴和无礼。因此，当面不能说的话在网上也不要说。

2. 网上网下行为一致

在现实生活中大多数人都是遵纪守法的，在网上也应如此。网上的道德要求和法律标准与现实生活中是相同的，不要以为在网上就可以降低道德或法律标准。

3. 入乡随俗

同样是网站，不同的论坛有不同的规则。在一个论坛可以做的事情在另一个论坛可能不宜做。最好的做法是"先爬一会儿墙头再发言"，这样你就可以知道该论坛的气氛和可以接受的行为。

社交礼仪

4. 尊重别人的时间

在提问题以前，先花些时间去搜索和研究。同样的问题很有可能以前别人已经问过多次，现成的答案唾手可得。不要以自我为中心，免得让别人为你寻找答案而消耗时间和资源。

5. 给自己在网上留下好印象

因为网络的匿名性和非接触性，别人无法判断你的外观，因此你的一言一语成为别人对你进行判断的唯一依据。如果你对某个方面不是很熟悉，那么你得先找几本书看看然后再发帖，无的放矢只能落个"灌水王"的帽子。同样地，发帖以前仔细检查语法和用词。不要故意挑衅，也不要说脏话。

6. 分享你的知识

当你提了一个有意思的问题而得到很多回答，特别是通过电子邮件得到了这些回答时，你应该写一份总结与大家分享这些答案。

7. 平心静气地争论

争论是正常的现象，只是千万要记住，争论要以理服人，不要进行人身攻击。

8. 尊重他人的隐私

别人与你通过电子邮件或 QQ 聊天的记录应该是隐私的一部分。如果你认识的某个人用笔名上网，未经其同意便在论坛上将他的真名公开，这是一种不好的行为。如果不小心看到别人打开计算机中的电子邮件或秘密，你不应该到处传播。

9. 不要滥用权力

管理员比其他用户拥有更多权力，应该珍惜并合法使用这些权力。

10. 宽容

我们都曾经是新手，都会有犯错误的时候，当看到别人写错字、用错词、问一个低级问题或者写篇没必要的长篇大论时，你不要在意。如果你真的想给他建议，最好用电子邮件私下提议。

## 七、学生实验（实训）室礼仪

学生在校期间，除了在课堂上学习知识之外，还要上实验（实训）课，接触实验（实训）设备，进行实际操作，以增强理论与实践相结合的能力。由于实验（实训）课都在实验（实训）室内完成，因此，在做实验（实训）时，要听从老师的安排，爱护实验（实训）室内的设备，遵守实验（实训）室的礼仪。

（一）听从安排，遵守纪律

在操作实验（实训）设备的过程中，必须听从老师的统一安排，按老师的要求正

第五章 待人之礼

规操作。老师指导具体操作时，学生应放下手中设备，站立听讲，记住操作要点，掌握操作程序，不得违反纪律。

### （二）爱护实验（实训）室内的设备

实验（实训）室存放的药品、标本、用具、实验（实训）设备等物品价值贵重，动辄千元、万元，甚至数十万元，操作时一定要爱护，轻拿轻放，注意节约。在实验（实训）过程中，如果损坏仪器设备，应及时向老师报告，不得相互推诿，甚至溜之大吉。如果是做有毒实验，要严格执行操作程序，保护人身安全，以免发生意外。一旦出现危险，应立即报告老师，及时进行处理，必要时要送医院急救。

### （三）有问题要举手

在做实验（实训）时，如果遇到这样或那样的问题，应举手问老师，不要自作聪明，擅自处理。如果此时老师在指导其他同学操作，应耐心地排队等候，不要大嚷大叫，表现出不耐烦、不认真或有不满情绪。不得在操作中随意换组，不听指挥，到处乱窜、嬉闹、喧哗，也不得因实验（实训）操作有困难而拒绝操作、停止实验（实训），应随时随地和老师取得联系，很好地完成实验（实训）。

### （四）整理实验（实训）设备

实验（实训）室是教学工作的重要场所，每次上完实验（实训）课，应自觉打扫实验（实训）室，保持实验（实训）室干净、整洁，将杂物、废弃物扔至指定地点。排列好用具、实验（实训）仪器，待老师检查合格后，自觉排队离开实验（实训）室。不要拥挤、推搡、打闹，以免碰撞实验（实训）设备。同时还要检查好水、电、门窗关闭情况，要有安全意识。

---

**小知识**

#### 今天，我们怎样尊师

尊师，是中华民族有着悠久历史的优良传统。古人说"天地君亲师"，讲究"一日为师，终身为父"，并且在拜师入门之时要行极其隆重的大礼，由此可见古人对老师的重视。

韩愈云：师者，传道授业解惑也。培养一个人，老师起着重要的作用，因此，将"师"置于"天地君亲"之后，或与"父"等同是再正常不过的事情了。

在社会发展至物质文明高度发达的今天，我们继承了千年尊师传统，将每年的9月10日定为教师节，将"人类灵魂的工程师""太阳底下最光辉的职业"等华丽的词语置于教师身上，以感谢教师。

古人有古人尊师的方法，几十年前有几十年前尊师的方法，如今，我们应该怎样尊师？

**社交礼仪**

尊敬老师，应该将教师节的"尊师"精神贯彻在每一天。每年9月10日是属于老师的节日，每年这一天，社会各界纷纷用各种方法来表达对老师的感激之情；每年这一天，众多现在的学生和曾经的学生都在反复念叨着"师恩深似海"这样一句话……但是，诸多敬意在许多人那里往往只能持续一天，而且形式大于内容，他们更看重的是给老师办个什么样的庆贺会，甚至送什么样的重礼。这些人往往觉得其内心深处的尊重靠一次赠送贵重的礼物就能够体现，这显然有悖于持续"尊师"的真谛。因此，尊敬老师，就请将教师节的心态放诸每一个平凡的日子里。

尊敬老师，请不要将诸多虚幻的称谓置于老师的头上。不错，"教师是人类灵魂的工程师"，但从某种程度上讲，教师这个职业也是一个赖以生存的职业，老师首先用教学这种技能来取得生存的保障，除了生成的"产品"是人之外，老师这个职业同农民、工人等职业没有任何不同。老师不需要过于崇高的称谓——越崇高产生的压力越大。"蜡炬成灰泪始干"不是老师企盼的境界，老师企盼的是自己越烧越亮，燃烧更长时间，照亮更多的人。

尊敬老师，请用一颗平常心来看待老师。老师承担着"加工"我们人类下一代的重任，担负将人类文明成果一代又一代传承下去的重大历史责任，因此，整个社会从精神层面赋予老师崇高的地位，从现实方面给予老师近乎严厉的要求，比如，老师不能有丝毫的毛病、缺点，在学生面前必须是一副"高大全"的形象。但老师首先是一个人，老师也有常人的缺点与毛病，老师也会犯错，因此，在老师犯错的时候，我们应用平常的心态来看待。时刻记着老师只是一个凡人，而不是一个圣人。

尊敬老师，请不要因个别不良老师的表现而否定整个老师群体。"学高为师，身正为范"，每一个能够承担起"老师"这一称呼的人，都会用这八个大字来要求自己。在老师这个行业里，也有如同其他行业一样的"劣币"，不要因为个别不配老师称号的老师的行为而否定整个老师群体，这个群体里更多的是兢兢业业、恪尽职守的老师。

"十年树木，百年树人"，相比其他行业，老师身上肩负的责任更为重大。现今的社会更应该是一个知识社会、尊师社会，在沧海桑田的日月变迁中，只有学会了尊师，才能获得个人、民族、国家长久的发展空间。

（资料来源：http://hsb.hsw.cn/2007-09/10/content_6548609.htm，有改动）

## 思 考 题

1. 怎样与父母相处？
2. 送礼的原则是什么？
3. 怎样接待客人？

# 第六章　行走之礼

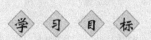

遵守交规、礼让三先、扶老助弱、主动让座。

在现代社会快节奏的生活状态下，人们的生活要想完全离开各种交通工具，那几乎是不可能的。交通工具犹如被加速了的双腿，使人们能够在计划好的时间内到达工作岗位、谈判地点、旅游胜地，甚至是异国他乡。人们在使用交通工具时，往往是和一群素不相识的陌生人相伴同行，因此，在路途中也应掌握一定的礼仪。

## 第一节　行路礼仪

行走是我们在日常生活中不可或缺的，也是最常见的动作。掌握行走时的礼仪规范是十分有必要的。

### 一、行路的基本礼仪

#### （一）严格自律

1. 认识交通标识，严格执行交通法规

在人行便道和室内过道上行走时，要行走在便道和过道的右侧，不要逆行。在繁忙的道路上行路时，必须遵守交通规则，认真执行交通指示灯和交通指示牌的指示，服从交通警察的指挥。（图6-1）行走速度适中，不要猛跑。要有耐心，不能闯红灯；不能到机动车道行走；不要翻越道路上设置的隔离栅栏。当穿越街道时，必须在十字路口沿斑马线穿过，不能为图方便而斜穿马路。在上学、放学途中走规定的路线。

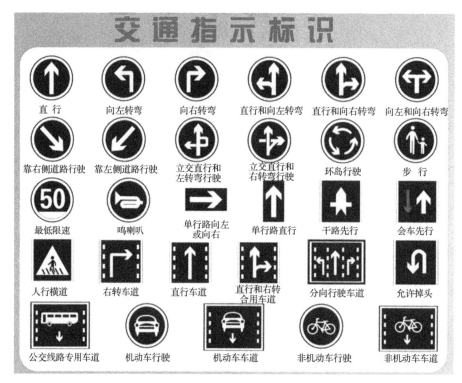

图6-1 交通标识

2．爱护公物

要自觉爱护公共场所的各种设施、物品。在行路过程中，不可以攀折树木、践踏绿地、攀爬踩踏雕塑，也不得在墙壁上或地面上信手涂鸦、划痕。

3．保护环境

行路时，不应乱扔废弃物，不应边走边吃零食或吸烟；不得随地吐痰，也不得直接将其吐入垃圾箱，应于旁边无人时，将痰吐在纸巾里包好，然后投入垃圾箱。

4．举止检点

与恋人、夫妻或朋友一起行路时不应勾肩搭背、又搂又抱、表现得过分亲密。

5．尊重异性和外国人

不得在异性或外国人身后尾随或者频繁顾盼，更不可对其进行骚扰。发现街头冲突应及时劝阻，不可围观、起哄。

6．尊重他人隐私

对于私人居所，不可贸然打扰，更不可在门口、窗口或墙头窥视，不得干涉他人活动的自由。

（二）尊重他人的行路权利

在行路时，对于遇到困难需要帮助的人要关心、帮助、照顾、体谅，友好相待。

1．彼此谦让

尊重他人的行路权利是必备的素养之一。当同行者达三人时，不要排成一行肩并肩行走，应该分散行走，或者稍作停留让后面的行人先走。

行路时，若遇行人较多，不可故意拥挤，须礼让。一旦不小心踩到他人的脚或撞击到别人时，应真诚道歉，面带微笑说一声"对不起"。

2．帮助老幼

当遇到老弱病残者时，应主动上前给予关心、帮助；主动搀扶老人、盲人过马路，不可视而不见，甚至讥讽呵斥。采取合理、恰当的方式帮助跌倒的路人。

3．友善热情

路遇熟人应当主动问候，对于他人的问候要及时给予友善的回应。对于问路者则应尽力予以帮助或为其带路。向他人问路则应该使用尊称。

### （三）保持距离

人际距离在某种情况下也是一种无声的语言。它不仅反映了人们关系的现状，而且体现着保持距离的主动者对另一方的看法。

人际距离有4种类型，在行路时，应该针对不同的情况正确地加以运用。

1．私人距离

又称亲密距离。它是指两人相距在0.5米之内的距离，主要适用于家人、恋人或至交之间。

2．社交距离

又称常规距离。它是指两人相距在0.5～1.5米的距离，主要适用于交际应酬之时。

3．礼仪距离

又称敬人距离。它是指两人相距1.5～3米的距离，主要适用于向对方表示敬重，或用于举行会议、庆典和仪式等。

4．公众距离

又称大众距离或"有距离的距离"。它是指两人相距3米以外的距离，主要适用于同陌生人的相处。

### （四）做举止优雅的行路人

下面，从在道路上行进、漫步、出入房间、通过走廊、上下楼梯、进出电梯、通过拥挤之处及排队等方面分别进行论述。

1．在道路上行进

在道路上行进时要讲究多方面的礼仪，以体现自己良好的素质和修养，具体应注意以下几个方面。

（1）各行其道

在道路上行进要自觉走人行道，不可走自行车道或盲道。骑自行车要走非机动车道，不可走机动车道。

（2）右侧通行

靠右而行，不可逆行，逆行会扰乱交通秩序，是造成交通事故的隐患。

（3）注意影响

集体行走于街上时，应该单行前进，不可并排行走，不可左拥右抱、勾肩搭背。不要长时间高声说笑，应该话语轻缓，并且不要有过于激烈的肢体动作，比如用力挥臂、捧腹大笑等。当需要做短暂近距离谈话时，一定要靠在路的右侧，不要影响他人通过。

（4）女士优先

当男性与相识女性在街道上并行时，男性要自觉走在临近机动车道的一侧，"把墙让给女士"，体现对女性的尊重。

2. 漫步

漫步又称散步，是一种休息的方式，不受时间、地点、速度的限制。

（1）独自漫步

个人漫步没有太多讲究，除了注意安全以外只要放松心情即可。此外，不要将随身听的耳塞放入耳内跟着节奏大声哼唱，甚至不停摆动身体。

（2）多人漫步

多人漫步特别是与尊长、异性漫步时，应该注意排列的顺序。通常的规则是以右为尊，以左为卑；以前为尊，以后为卑；对于三人并列行走时以居中者为尊。

3. 出入房间

在正式场合，出入房间要注意以下礼节。

（1）注意顺序

通常应该请尊长、女士或宾客率先进出房间，并主动为其效劳，为其开门、引导。出入房间时若有人与自己反向而行时应该礼让对方。

（2）注意房门的开关

进出房门都应以手轻敲、轻推、轻拉、轻关，绝不可用身体其他部位开门、关门。

（3）注意面向

进出房门时都应该面向屋内之人，而不可背向对方。

4. 通过走廊

通过室内或露天走廊，穿梭于房间之间时，应该注意必要的礼仪：一是单排行进；二是保持安静；三是靠右侧通行。

5. 上下楼梯

上下楼梯时需要注意6个方面：一是单行前进，不要多人并排行走；二是靠右侧通行，左侧留给有急事的人快速通过；三是带路者在前，被引导者在后；四是不应停留在楼梯口交谈，以免给别人的行走带来不便；五是礼让尊长和异性；六是保持距离，注意安全。

6. 进出电梯

进出电梯应该注意两点。

（1）注意安全

不可扒门、抢门或强行挤入；不乱按电梯的按钮；进入电梯后电梯提示音显示超载时应主动退让；电梯出现故障时应该耐心等候，不可贸然行动。

（2）注意出入顺序

与陌生人同乘电梯，应按照排队的顺序依次进出。与熟人同乘电梯则应视电梯类型而定：有人管理的电梯应主动后进后出，无人管理的电梯则应先进后出，以便为别人控制电梯。乘自动扶梯靠右站立，空出左侧通道。

7. 通过拥挤之处

在人多的公共场合难免要遇到拥挤的情况，此时应该注意以下4个方面。

（1）不要长时间停留

在拥挤的地方应该迅速处理完自己的事情，然后马上离开，不要在此聊天、休息。

（2）不要影响他人

通过拥挤之处不要与人拉手、挽臂、勾肩或搂抱而行。

（3）不要动作过大

通过拥挤之处身体动作要小，不要猛然挥手、踢腿蹬脚。

（4）不要高声谈笑

在拥挤之处与人交谈应该放低音量，不可大喊大叫、大吵大笑。

8. 排队

排队是多人同时办事时分清先来后到的最好方法。在人们的日常生活中，人们无论办理公事还是私事都会经常遇到排队的情况，此时应该遵守必要的礼仪规范。

（1）主动排队

应该养成排队的良好习惯，不可破坏排队秩序，更不要恶意起哄或故意拥挤。

（2）遵守顺序

在排队时应该讲究先来后到，礼让尊长，自己不可以插队，也不可以让自己的熟人插队。

（3）保持距离

排队时，与前后左右的人应保持一定的距离，以尊重其隐私，切不可相互贴得过紧。

## 二、校内行路礼仪

去教室、食堂、宿舍等场所或平时散步，都离不开行路，行路也应遵循应有的礼仪规范。

① 骑自行车、电动车要遵守交通规则，不可横冲直撞、速度过快，通过人多拥挤的地方要缓行或下车推行，进出校门要下车，自行车、电动车应停放在指定的地点。

② 在校园的道路上行走，不要三五个人站成一排齐头并进，以免妨碍他人行路。

③ 在路上遇到老师、熟人和同学要主动打招呼，如果需要近距离交谈则应靠在路边，以免妨碍人们行走和车辆通行。

④ 维护校园的环境卫生，不要边走路边吃东西，不要随地吐痰、乱扔果皮等杂物。

⑤ 行右礼让。上下楼梯时应自觉靠右行走，走在狭窄的通道时，遇到师长、老人、幼儿、妇女，应主动站立一旁，让其先走。

⑥ 爱护花草，不要因抄近路或出于其他目的而践踏草坪。

## 第二节 乘车礼仪

### 一、乘坐公共汽车礼仪

公共汽车是中国城市居民最常用的交通工具之一。平时上下班及双休日上街购物，通常可以乘坐票价便宜、出行方便的公共汽车。乘坐公共汽车时，应讲究以下礼仪。

#### （一）依次上车

在公共汽车起点站，乘客应自觉排队等候，按顺序上车。在中间站，车靠站停稳后乘客要先下后上，且从前门上后门下，应主动让老弱病残、妇女儿童先上。上了车的乘客应酌情向车厢内移动，不要堵在车门口，以免妨碍后面的乘客上车。

#### （二）主动购票

乘客上车后应主动刷卡、扫码、购票或出示月票。乘坐无人售票车时，应将事先准备好的钱币自觉投入钱币箱内。

#### （三）互谅互让

在车上遇到孕妇、病人、老人和抱孩子的乘客，有座位的年轻乘客应主动让座。当他人给自己让座时，要真诚地表示感谢。车上人多时，乘客之间难免拥挤和碰撞，乘客都应表现出高姿态，互相谅解。乘客还应尊重司机的劳动，受到不公平或不合法的待遇，可报警或投诉，严禁侵犯驾驶员，否则会受到法律严惩。此外，乘客应注意乘车安全。例如，不要在车上打毛衣，不要将雨

图 6-2　互谅互让

伞尖对着他人,以免误伤其他乘客。(如图6-2)

### (四) 注意卫生

在车上不要吸烟,不要吃东西、随地吐痰、乱扔果皮和纸屑。随身携带机器零件或鱼肉等物品的乘客,应将所带物品包好,以免弄脏其他乘客的衣服或车厢内的环境。不要把脚跷到前方乘客的椅背上。

## 二、乘轿车礼仪

随着私家车的普及,轿车已经成为人们常用的交通工具。因此,乘客应当了解乘坐轿车的有关知识,讲究乘轿车的礼仪。

轿车上的座位有尊卑之分。一般说来,车上最尊贵的座位是后排右座,其余座位的尊卑顺序依次是后排左座、后排中座、前排右座。如果是专业司机开车,贵宾坐在后排右座。但是,如果是轿车主人开车,贵宾也可以坐在前排右座(即副驾驶座),以便交谈(如图6-3)。亲友一同乘车时,男士和晚辈应当照顾女士和长辈,请他们先上后下,并且为他们开、关车门。女士上车时,如果穿着裙子,可先轻轻坐到座位上,然后把双腿一起收进车内。下车时,最好双脚同时着地,不要一前一后。乘出租车,若无特殊情况,乘客宜坐在后排。乘客应当尊重出租车司机,一般情况下,不要催促司机加快车速,也不要对司机的驾驶技术说三道四。乘客下车时,应向提供优质服务的司机道谢。

图6-3 乘车位次

## 三、乘火车礼仪

乘坐火车,应讲究以下礼仪。

### (一) 对号入座(卧)

乘坐火车的旅客,应带好身份证等,提前到火车站候车,自觉接受实名验证,自觉接受安全检查,排队检票上车。进入车厢后应对号入座(卧),不可占用别人的座位(铺位)。

### (二) 互相关照

旅客上车后,应迅速把携带的物品安放在行李架上,而不要把手提箱、包裹等乱放在车厢内的通道上,以免影响通行。多数列车都为无烟列车,请不要在车厢内吸烟,必要时应在允许吸烟的列车的两节车厢连接处吸烟。旅客之间的寒暄、交谈应掌握好尺度,不要随便打听别人的收入、情感等隐私。与人聊天时,不要信口开河或高声讲话;玩扑克牌时,也不要嬉闹喧哗,以免影响他人休息。

社交礼仪

## 四、乘飞机礼仪

飞机是最快捷的运输工具,也是对乘客要求最严格的交通工具。乘坐飞机的礼仪也比较特殊。乘飞机的时间要求和安全保卫检查工作相对于乘坐其他交通工具都要严格得多。

要提前到达机场,留有充分的办理登机牌和通过安全检查的时间;按照规定,国内乘机应当提前30分钟(有的机场、航班需要提前45分钟)换取登机牌,所以提倡乘客提前一小时左右到达机场,预留出排队等候的时间。乘坐国际航班的旅客更要提前到达机场。

尽可能将大件行李托运,避免随身携带大件行李。登机后应该尽快放好物品,不要在通道上滞留太长时间。不要用手提袋或行李箱把置物架塞得满满的,造成后到乘客的行李无处可放。

尽快坐好,系好安全带,起飞与降落时关闭移动电话、手提电脑、激光唱机、调频收音机等电子设备。飞机平稳飞行后可以使用手提电脑。全程不可以使用手机。当空中小姐在为大家示范、解说逃生方法时,要保持安静,不要因为自己已经非常了解,就视若无睹地与旁人喧哗。

坐在三人一排的位子上,看报时不要把报纸全部展开来,否则手臂与手肘会占用旁人的空间,造成他们既不能移动,也不能看到前方。

有困难可以按铃请空中小姐帮助,接受服务时要尊重空中小姐,但应记住的是,空中小姐并不是专供你使唤的人,她们的任务是要使飞机上的每一位旅客在旅途中舒适愉快,有任何紧急危难时能做出适当的处置,挽救生命。

要保持安静,不要高声谈笑。尤其是在夜间飞行或身边有人休息时。可以跟身边的乘客打招呼或稍做交谈,但应不影响到他人的休息,不要因为新奇就过多盯视、窥视素不相识的乘客,更不要与他人谈论令人不安的劫机、撞机、坠机事件。

使用盥洗室时,要维护里面的卫生,不要把里边弄脏或弄乱得一塌糊涂而不顾及其他人的需要。使用盥洗室要抓紧时间,不要在盥洗室用很长的时间仔细刮胡子或者化很讲究的妆,以免造成想使用盥洗室的人焦急地在外面苦等。

在飞机场或候车室内都不能脱鞋;而在国际航班和火车上,可以脱下鞋充分地休息。脱鞋行为本身并不失礼,失礼之处往往在于因为脱鞋而"污染"空气。乘飞机应换上干净的鞋子和袜子,有汗脚的人最好自觉不脱鞋。

飞机停稳,等广播提示后再起立走动或拿取行李,以免行李摔落伤人,影响机上秩序。

## 五、乘船礼仪

船只,是水上交通运输的主要工具,当人们在江河湖海上旅行时,大多优先选择乘坐客轮。客轮，指的是专门用以载客的机动船只。要想使自己的乘船旅行一帆风顺、心情舒畅，与其他乘客和睦相处，就必须遵守有关的乘船礼仪。对于乘坐客轮进行旅行的人，要注意安全、休息和交际这三大方面的礼仪问题。

### （一）乘船的安全

乘船旅行，安全第一，这一条对于任何乘客都不例外，因此，乘坐客轮时，务必增强安全意识，遵守安全规则，采取安全措施，尽一切努力，确保旅途平安。

在通常情况下，乘船时必须顾及的安全问题，具体有以下几个方面。

1. 行李要符合相关规定

为了自己及其他乘客的安全，不要携带危险品及禁带的物品乘船。这些物品具体包括易燃品、易爆品、易腐蚀物品、枪支弹药、腐烂性物品、动物，以及其他一切违禁物品。为了确保安全，在登船之前必须接受安全检查，乘客对此要积极配合，不要加以非议或拒绝。另外，所带行李的重量要符合有关规定，坚决不要超过限定标准。

2. 注意安全

登船时，一定要按序排队；有可能的话，应早到一些，以便在时间上从容不迫、留有余地。与长者、女士、孩子一起登船时，应请其走在前面，或者以手相扶。不要加塞、拥挤，以免产生有可能危害安全的诸多问题。下船时，要提前做好准备工作，与其他乘客要相互礼让，依次而下。与长者、女士、孩子一起下船时，可搀扶之，或是请其走在自己身后，这样万一对方有个闪失，走在前面的自己还能对其有个照顾。上下船时，若不是通过舷梯，而是通过跳板或借助于小船，则切勿充英雄、装好汉，乱蹦乱跳；应该小心翼翼，确保他人和自身的安全。

3. 预防疾病

没有船上生活经历的人，尤其是身体虚弱的人，在乘船之前一定要预备好一些常备药和晕船药，以备急用。与此同时，在船上还应尽可能地多休息，不要随意走动。一旦晕船，应服用晕船药；如果发生呕吐，要马上采取措施，不要随便乱吐。必要时可请医生帮忙。另外，若自己周围的人晕船、生病了，要给予对方力所能及的帮助，不要漠不关心或唯恐避之不及。

4. 安全进行室外活动

在轮船上进行室外活动时，处处应该以安全为重，切勿心存侥幸心理，自找麻烦。不要前往不宜去的地方，如轮机舱、救生艇及桅杆之上。如果海上风浪比较大，船会晃动得比较厉害，为了安全起见，尽量不要独自一人在甲板上徘徊。不管水性多么好，都不要擅自下水游泳。

5. 紧急事件

乘船旅行途中，如果发生了突发事件，如火灾、撞船、触礁、台风等，不要惊慌失措，要服从船员的统一指挥，安全撤离。必要时与其他人一道进行自救，共渡难关。

#### 6. 文明用餐

用餐时要与自己比较邻近的人打招呼，但没有必要表现得过分热情，非要请对方吃饭或将自己的食物分给对方吃。此外，在用餐时还要注意不要喧哗，不要宽衣解带，还要注意维护餐厅的整洁、卫生。

### （二）旅途的休息、交际

客轮的舱位是分等级的。我国的客轮舱位一般分特等舱、一等舱、二等舱、三等舱、四等舱、五等舱等几种。客轮实行提前售票，每人一个铺位，游船也实行对号入座。船上的服务设施齐全，可以邀请其他乘客一起娱乐，但是一定要两相情愿，不可强求。若房中其他乘客出门，不要翻动同房乘客的物品。

乘船时要注意细节。比如，不要在船上四处追逐，不要在甲板上将收录机放到很大音量，不要在客房大吵大嚷，晕船呕吐就去卫生间，遇上景点拍照时不要拥挤、抢占有利位置等。如果自己占据了好的拍照位置，要考虑他人的需求，适时让出拍照位置。

如乘高级客轮，在船上用餐时，晚餐须着礼服或深色西装，应避免穿短裤、拖鞋或泳装进餐。越洋巨轮分等级，其餐厅、走廊及其他各种设施之使用均有规定，须注意严格遵守。

乘坐江轮等普通轮船时，随身携带物品较多的旅客要注意不可用行李挡住通道，晚上更不要在甲板或通道上睡觉。

## 【拓展训练】

**案例分析一：**

公司派车送客户去飞机场，由小李负责送行。在引导客人上车时，小李拉开副驾驶座的车门对客户说："王经理，您坐这儿，这儿的视野好。"到了飞机场的时候，小李的上司张经理已经在那里等了。返回的时候，小李坐在后排右边的位子上，张经理坐在后排左边的位子上。半路上司机有事，由于小李不会开车，所以车就由张经理开，小李担心气氛沉闷，于是不时和张经理聊天。

试分析小李的做法，指出其不妥之处，并说说正确的做法是什么。

**案例分析二：**

一天，一位客人乘坐电梯准备下到一楼。当电梯行至公司行政办公楼层时，走进两位身穿公司制服、正准备去参加每月生日会的员工。两位员工边聊边随手按了一下电梯按钮，但随即发现错按了五楼，而员工生日会通常在三楼或二楼举办，于是两位员工改按了三楼的按钮。当到达三楼，电梯门打开后，两位员工发现三楼好像没有来参加生日会的人，那生日会应该是在二楼举办，于是两位员工又按了二楼。两位员工的行为引起一同乘坐电梯的客人的不快。

试分析这两位员工的行为举止有何不对。乘坐电梯应该遵守哪些礼仪？

**案例分析三：**

一次，某公司职员小孙乘坐飞机前往广州出差，在飞机飞行过程中，小孙打开座位前的小桌板，放倒了座位靠背，一边吃午餐，一边听音乐。吃完饭，他又站起来东看看西瞧瞧，还把座位下面的救生衣拿出来摆弄；又从前排到后排地来回走动，好像总想发现点儿什么似的。

讨论：小孙这样做是否合适？

# 思 考 题

1. 上下楼梯有何注意点？
2. 乘坐公共汽车时应注意哪些方面的礼仪？

社交礼仪

# 第七章　观赏之礼

学 习 目 标

遵守秩序、爱护环境、专心欣赏、礼貌喝彩。

第一节　影剧院礼仪

到影剧院看电影、戏剧，是一种高尚的娱乐和美的享受，观众应当在高度文明的环境中观赏，每位观众都应当遵守影剧院的公共秩序，讲究文明礼貌。

到电影院以前，应穿戴整洁、庄重，女士可以化妆，男士也应当稍做修饰。

买票时，要排队，不要插队，也不宜请人代买。

进影剧院要提前几分钟入场，对号入座。看电影迟到了，可请服务员引导入座，行走时脚步要轻，身姿要低，不要在人行道上停留，以免影响他人。（如图7-1）看戏迟到了最好利用幕间再入座，入座时身体要下躬，经过其他观众面前要道歉，轻轻地说一声："对不起。"如果别人错坐了你的位子，要轻声和蔼地请他验看一下座号，不要因此而起争执。必要时可以请服务员帮助解决。遇到熟人，不要大声打招呼，也不要挤过去交谈，只需点一下头、做个手势就可以了。手机应关闭或设置成静音状态，若有必须及时接听的来电，则应躬身快步走出演厅，到演厅外接听手机，且控制讲话时的音量，不致影响他人观演。（如图7-2）

110

第七章 观赏之礼

图 7-1 观演时的不文明现象一

图 7-2 观演时的不文明现象二

观看电影或演出时，不要吸烟，不吃带皮或带核的零食（如图 7-3），不随地吐痰，不乱扔杂物，不高声说话。要脱下帽子，身体不要左右摇晃，两腿不要抖动，更不要脱鞋子，以免因污染空气而引起别人的反感。若是遇到已经看过的影剧，不要在下面讲解、介绍或评论。热恋中的青年，应当自重，行为得体，在公共场合不要过分亲昵。

要尊重演员的艺术创造。观众的掌声是对演员的最好赞扬，会使演员受到鼓舞，发挥出更佳水平，使观众得到更好的艺术享受。演出中演员出现差错失误时，不应唏嘘起哄，在适当的时机给予更热烈的掌声，以体现对演员的谅解和鼓励。演出结束时，要起立站在原位，热烈鼓掌，感谢全体演出人员的艺术创造和辛勤劳动。

看戏剧时，中途没有特殊情况不要离场，若必须离开时，则要等到幕间；看电影时，不要在情节紧张、热烈时离场，离座时，要对周围观众轻声说"对不起""劳驾""借光"等，躬着身子，轻步退场。

演出将结束时，不要提前起立退场，这样会导致全场混乱，对演员十分不礼貌。散场时要慢慢依次退出，不要前挤后拥。

图 7-3 观演时的不文明现象三

## 第二节 观看比赛礼仪

观看比赛时需要注意以下一些礼仪：

① 提前入场，进场后尽快坐到观众席。有些场地、场馆对观众着装和穿鞋有特殊要求，应提前了解，做好相应准备。

② 不携带易燃易爆等危险物品及酒瓶、刀具等物品进入场地；不带易拉罐等罐装物品入场；不带宠物入场。

③ 比赛时，不要随意走动，最好在比赛暂停或休息期间再走动。

④ 观看比赛时应将手机关闭或设置为静音状态；在场地内不要嬉闹喧哗；应举止文明，不随便乱扔杂物；禁止吸烟。

⑤ 观看比赛时应对比赛双方一视同仁，持公平态度。对领先一方的精彩表演，要以热烈的掌声表示祝贺；对于落后的一方，也要为其呐喊助威，让他们在掌声中和呐喊声中受到鼓舞，不可对其嘲笑奚落。自己支持的一方胜利了，不要得意忘形，手舞足蹈；自己支持的一方失败了，也不要埋怨运动员、教练，不要冷嘲热讽甚至出言不逊。不能因为高兴或失望而做出一些比较极端的举动，比如，到赛场上裸奔，或向赛场上扔东西。

⑥ 拍照时不要使用闪光灯，因为闪烁的灯光会分散运动员的注意力，影响运动员对空间高度和时间方位的判断，甚至可能造成比赛失误或受伤。（如图7-4）在运动员动作结束时鼓掌，才是得体而恰当的行为。

⑦ 要支持裁判员的工作。在瞬息万变的体育竞技过程中，裁判难免出现判断失误，不应对裁判无理起哄。

⑧ 比赛中，若要提前退场，应该在不打扰他人的情况下尽快离开。比赛结束时，向双方运动员鼓掌致意。退场时，按座位顺序依次退场，向最近的出口缓行或顺着人流前进。应将饮料瓶、矿泉水瓶、果皮果核、餐巾纸、塑料袋等杂物带出场外。出场后不要围观运动员，当运动员的车辆从身旁通过时，要让开道路，为表示友好可以向运动员招手致意。

图 7-4 观看比赛时的不文明举止

## 思 考 题

1. 观看演出时有何注意点?
2. 观看比赛时应注意哪些方面的礼仪?

# 第八章 游览之礼

善待景观，爱护文物，尊重民俗，恪守公德。

## 第一节 游览礼仪

### 一、游览时的着装礼仪

游览是一种休闲活动，所以在一般情况下，游览时着装应以休闲装为主。游览时着装的主要原则是轻装上阵。从天气条件、个人的喜好以及游览的方便性等角度考虑，游览时的着装应该给人以舒适、轻松和便利的感觉。

#### （一）游览时的服装要求

平日难登大雅之堂的牛仔服、运动服、休闲服，以及背心、短裤、棒球帽和太阳镜，甚至夹克衫、健美裤，都是可以在游览时穿的，但不要赤身露体，有碍观瞻。总之在游览时，只要不妨碍别人、不悖于社会公德，那么在着装方面完全可以随心所欲，追求舒适休闲，不必像在办公室里上班时那样束缚自己。

相反，如果还穿着上班时穿的西服、衬衣、套裙去游览，那么就有些不伦不类了。因为那样既与游览时的轻松气氛和四周的山水花草不相符，又容易损坏衣物，关键还会折磨自己，并使自己活动不便、玩不尽兴。

#### （二）游览时的鞋子要求

游览时所穿的鞋子是事关游览能否尽兴的一个重要因素。游览时所选的鞋子应首选旅游鞋，因为它不仅时髦、漂亮，而且合脚、轻软、防扎、防硌、防水、防滑。而皮鞋、高跟鞋对于游览而言则是最不"合格"的鞋，因为它们不仅容易磨损双脚，还有可能因为地势不平而崴脚，得不偿失。

### （三）游览时的化妆要求

在游览时，不但在着装方面要轻装上阵，而且在妆饰方面也应当以淡妆、简饰为宜，甚至完全可以不化妆、不佩戴饰物。在优美的景色之间，"清水出芙蓉，天然去雕饰"，才是最有品位的。

但要注意的是，游园会通常会要求参加者着装正规一些，但是它实质上是一种假公园或其他园林、风景点所举行的具有特殊形式的联欢活动，所以不能将它与纯粹的游览混淆起来。

## 二、游览时的相处礼仪

### （一）问路要客气

在游览时经常需要问路，这时最好找工作人员打听，并要讲礼貌，使用尊称，客气地说："您好，请问去××处怎么走？"对方回答后，问路者应表示感谢。如果对方不知道，也应对其说一声"谢谢"。当别人向你问路时，应尽力给予帮助。

### （二）休息时不应影响他人

公园里一般会有很多长椅，以供游人休息。当坐在长椅上休息时，应尽量与其他游人保持一段距离，免得给彼此带来不便。若确实需要在他人附近就座，要先征得对方同意后方可就座。而对于别人可不可以就座之类的询问，则应欣然回答"请坐"。不要一人霸占多个座位，不要替他人占座，更不要与他人争抢座位或躺在座椅上睡觉。

### （三）拍照时的礼仪讲究

在拍照、摄像时，经常会发生所选角度和位置与他人冲突的情况，此时应当相互谦让，耐心等待，按次序进行拍照。有的文物、建筑不准拍照或拍照时不得使用闪光灯，对此不应违反。（如图8-1）在需要他人帮助时，要礼貌地提出："您好，请帮忙给我们拍一张照片好吗？"当然在别人提供帮助后不要忘了道谢。不要随意对不相识者拍照、摄像。必要时，先要取得对方应允，在海外，对此尤须注意。

图8-1 文物不能拍照

### （四）主动让道

在旅游途中，如走在狭窄的曲径、小桥、山洞时，要主动给老弱妇孺让道，不争先抢行。如果不小心冒犯了他人，应及时致歉，不要与之发生纠纷；如果你是随团队旅游的，则一定要听从导游的安排，应征得导游同意后方可离队；在自由游览时不可因玩得忘乎所以而误了归队时间，以致让全队人等待，为你担心。

### （五）遵守公共秩序

不要独自前往禁行之处"探险"。遇到购票或观看某景点的人较多时，要自觉排队等候，要留意1米线。不要前拥后挤，制造混乱。对于实行预约登记的景点，要自觉遵守其预约规定。

### （六）乘游览车的礼仪

要提前10分钟上车，不要迟到，以免让他人等候、耽误行程；年轻的游客尽量坐到车厢后面，把前几排座位让给老人、妇女和儿童；观光车的第一排座位一般都是留给领队和导游的，游客尽量不要坐；车上的卫生间是供乘客特急需要时使用的，一般不要使用。

### （七）入乡随俗

要入乡随俗，所到之处，要尊重当地的风俗习惯和一些宗教戒规，否则可能会因小事而酿成大错。

## 三、游览时应注意保护环境及人身安全

### （一）"到此一游"不可取

山川名胜和历史古迹是不可再生的宝贵的自然资源和文化遗产，在游览时，严禁在游览区域内任何地方乱写、乱刻、乱画（在规定的留言簿上留言等除外）。有些人得意于留下"到此一游"的字样，其实这是一种极不文明和极没素养的行为。

#### "到此一游"刻进埃及千年神庙

**新快报讯** "在埃及最难过的一刻，无地自容。"网友"@空游无依"的一条微博迅速引发热议，他在埃及卢克索神庙的浮雕上看到有人用中文刻上"丁锦昊到此一游"（如图8-2），为国人轻易毁坏千年文物的行为感到震惊和羞愧。许多网友对此均表示气愤，有网友主张让"丁锦昊"给法老道歉。曾多次带队赴埃及的资深导游张先生表示，毁坏和私藏文物出入境已经触犯了当地法律，一旦被发现，情节严重的，可能要坐牢。

图8-2 "××到此一游"图

**丁或为南京一中学生**

据网友"@空游无依"描述，他是在埃及卢克索神庙最里面一个圣殿，往右边通

道、左首的石壁上发现的刻字。"我们试图用纸巾擦掉这羞耻（的字迹），但很难擦干净，又不能用水，这是3 500年前的文物呀。"记者联系上网友"@空游无依"，据他透露，自己是在2013年5月3日到埃及旅游，5月6日在卢克索游玩时拍到这张照片的。"看到此情此景谁也没有多说，当时我们一团人都觉得特别羞愧，导游也不愿触到伤处，就带我们走了，我留存此照并发布在微博上是想提醒大家不要轻易毁坏文物，没想到传播得这么快。"

知名博主"蜡笔小球"今天通过微博披露了其查询得到的"丁锦昊"的身份资料，称丁是来自南京的一名中学生，许多网友直言如果身份属实，希望孩子和家长能就此道歉。

情节严重甚至要坐牢

"之前去埃及的中国人比较少，素质也普遍较高，从没看见过有这种行为的游客。卢克索神庙附近很少有旅游警察，估计人们没想到会有这种事情发生。"资深导游张先生说。刻"到此一游"之类的行为是一些国内游客的陋习，他们可能没想到这样做会严重毁坏文物。

"类似的不文明行为还有很多，比如卢浮宫外会有中文标识写着'禁止随意大小便'，荷兰的花展上也一直见到中国人'辣手摧花'，有时候真的挺难为情的。"张先生说，以前最多发生过中国人私带文物出境被罚的案例，旅行社出行前都会提醒游客注意不要随意购买文物，但没想过提醒客人不要刻字。"其实国外的法律相当严格，一旦被抓到很有可能被罚款，情节严重的甚至要坐牢，这不是闹着玩的。"

3 500多年前的古迹饱受自然侵蚀，如今还要被刀划……

（资料来源：《新快报》）

## （二）切勿"登高望远"

园林里的树木、雕塑与建筑是禁止攀爬的。不要为了拍照或者望远而悍然犯禁。

男子面带微笑坐在女红军雕像头顶拍照

近日，有微信网友爆料称，在位于陕西省延安市吴起县胜利山的中央红军长征胜利纪念园里，有人坐在纪念园的女红军雕像上拍照。从网友提供的图片看，拍照者是一名年轻男子，面带微笑坐在雕像上，并摆出拍照的姿势。（图8-3）很多人看到此情景后都十分气愤，纷纷谴责该男子"行为不雅""简直没教养"。

因为图片是从微信朋友圈里转发的，目前还未联系上第一拍摄者。4月24日，《华商报》记者联系吴起县旅游局，工作人员表示已经在微信上监控到了此消息，该游客的行为确实不雅，目前已经开始调查，希望能尽快找到此人。

图8-3　攀爬雕像

（资料来源：搜狐网）

### (三）不得踩踏草坪

公园里大多有许多令人赏心悦目的草坪。它们有的允许游人行走、坐卧，有的则严禁践踏。在允许游人进入的草坪上活动时，不要有任何可能毁坏草坪的举动。如果草坪四周设有围栏或悬挂着"请勿入内"的标牌，则严禁入内。（图8-4）

图8-4　践踏草坪

### （四）爱护公园内的动植物

对于园林里放养的鸟兽，不要对其进行抓捕、恐吓。对于生活在饲养室里的珍禽异兽，不准喂食、投掷杂物或惊吓。在一般情况下，前往公园私自挖土取石、汲水、移植草木、寻觅奇花异石、挖掘古藤树根、捕猎飞鸟游鱼的做法，都属于侵犯公物的行为。

另外，有些人习惯在早上到公园里"喊山"，即在公园的山丘上高声呼喊，以此来锻炼自己的肺活量。但这种行为严重影响了栖息在山林中的鸟类，应该尽量避免。

### （五）游览时应注意人身安全

游览时，应随着人流行动，不要只身独闯危险地段。在登山时，虽说"无限风光在险峰"，但也要量力而行。不可刻意攀缘悬崖峭壁，免得"一失足成千古恨"。

在湖滨、河畔游览和登船游玩时，不要肆意追逐打斗，以防翻船落水。如果岸边已有"禁止游泳"的告示，则勿下水"探险"。公园里的湖泊、河流安全系数不高，所以最好不要玩水、游泳。

### （六）切忌在禁烟区吸烟、用火

吸烟者、野餐者、野炊者特别应当注意，在吸完香烟、进食完毕、即将离去之际，一定要检查一下有无明火或尚未熄灭的灰烬，不要留下"星火燎原"之患。在大多数时候，野外用火都是禁止的，以防止发生火灾。尤其是公园，由于这里树木较多，所以基本都属于禁烟区，吸烟以及明火在这里都是绝对禁止的。此外，在有明文规定不准吸烟的名胜古迹附近，更要严格遵守这一规定。

### （七）进食后要清扫干净

如果在游览时吃了零食，或者集体进行了野餐、野炊，则应在进食完毕之后，自觉地将废弃之物收拾在一起，然后根据废物的物理性质分类，分别将其投入符合其属性的垃圾箱内，并对原地的环境卫生进行清理、打扫。吐痰和口香糖要用纸巾包好投入垃圾箱。不要乱扔果皮、纸屑、烟蒂、塑料袋、包装盒、易拉罐、饮料瓶，尤其是不要将其抛入山林、沟壑、湖泊、水池、下水道或动物饲养室。

## （八）不随地大小便

在游览时不准随处大小便，即使对于自己所带的儿童而言，也应教育其进卫生间大小便，绝不能任其到处随意进行"方便"。便后要及时冲水。另外，尽量不要带宠物去游览，尤其是不要带喜欢随地"排泄"的宠物，以免糟蹋良好的环境。

### 四、国外游览礼仪

为了尽量避免中国人出境后出现一些不文明的行为，中国人在国外应该注意以下细节。

#### （一）衣

常见到许多中国人在出国旅游时，西服笔挺，打上领带，身着硬底皮鞋，这种穿着显得太正规了，其实完全用不着。在国外，白领员工在上班时以及在正式会议、商谈等场合一般必须穿正规西服、打领带，但他们在正式场合以外绝不穿西装、打领带。尤其是在外出旅游时，都穿休闲服装、着软底鞋。西装革履是中国旅游者的"一大奇观"，这样穿着，会使自己感觉不舒适，而硬底鞋还不便于行走。

#### （二）食

出国旅游，经常会遇到吃自助餐，而且多为西餐。西餐一般是先上冷餐，包括蔬菜、色拉、香肠等，然后是汤，面包一般是预先放在旁边的盘子里，最后上主菜（肉、鱼、鸡等）。吃自助餐时应注意：取菜要按上述的顺序；每次取菜时，不必堆成满满一盘，最好吃完后再去取，若一次取满满一盘则会被人笑话；每次取食要量"力"而行，以不会剩下为宜；不要拿吃完的空盘再去取菜。具体可参见本书第三章第三节相关内容。

#### （三）住

入住酒店时会有导游及地陪安排登记，不要争先恐后，更不要在酒店大堂内喧哗。一般三星级以上的酒店会有服务生把行李送至房间，除了表示口头感谢外，还应给小费，一般可给1美元或折合成等值的当地货币。客房内电视音量切不可开得太大，以免影响他人。曾有中国旅客因此被人敲墙壁以示抗议，甚至被他人投诉到酒店管理部门。还曾有中国游客在洗浴之后，光着上身，仅围一条浴巾而在走道内来回串门，酒店不得不出来警告。一些中国游客会把卫生间弄得一片狼藉。有的中国游客还会拿酒店的床单、毛巾擦鞋。澳大利亚某城市曾在中国人旅行必经路线上的公共厕所内，用中文贴出告示，提醒注意保持公共卫生。

#### （四）行

在发达国家，人们的奉公守法意识一般都很强。我们的出国旅游者必须注意遵守交通法规。不闯红灯，行人穿过马路时走人行横道。很多国家规定，只要有行人踩上斑马线，汽车就必须停下来让行人先走，游客可事先了解一下目的国这方面的规定。

### (五)其他

在英语国家,人们每天用得最多的词语有三个:Thank you(谢谢)、Sorry(对不起)、Excuse me(请原谅)。例如,在饭店,当服务员上菜或提供其他服务时,接受服务者别忘了道谢。在国外走路有时不小心碰了别人,对方往往首先说"对不起",而我们却吝于说这种表达歉意的话。

在向人问路或请求帮助时,必须先说"请原谅",否则有可能碰壁。此外,在美国,饭店员工工资非常低,全靠小费维持生活,因此在付餐费的同时,一定要给小费,一般小费为餐费的15%左右。

**中国公民出境旅游文明行为指南**

中国公民,出境旅游,注重礼仪,保持尊严。
讲究卫生,爱护环境;衣着得体,请勿喧哗。
尊老爱幼,助人为乐;女士优先,礼貌谦让。
出行办事,遵守时间;排队有序,不越黄线。
文明住宿,不损公物;安静用餐,请勿浪费。
健康娱乐,有益身心;赌博色情,坚决拒绝。
参观旅游,遵守规定;习俗禁忌,切勿冒犯。
遇有疑难,咨询领馆;文明出行,一路平安。

图 8-5 文明旅游

## 【拓展训练】

**案例分析:**

小婷在某公司的项目开发部门工作,一次,公司派小婷陪同部门经理去另一家公司参观学习。到了目的地,对方安排了详细的参观路线,小婷觉得麻烦,就独自一人自行参观,并拿着手机不停拍摄。接待人员发现后,提醒说,有些地方不能随便参观与拍摄。小婷不以为然地说:"没什么呀!就拍个照而已。"

请分析小婷的做法,指出其不妥之处,并说说应该怎么做。

## 第二节 中外习俗礼仪

### 一、中国民间传统节庆

#### (一)春节

农历正月初一是春节,又叫"阴历(农历)年",俗称"过年"。这是我国民间最隆重、最热闹的一个古老的传统节日。春节是汉族最重要的节日,除汉族外,满、蒙古、瑶、壮、白、高山、赫哲、哈尼、达斡尔、侗、黎等十几个少数民族也有过春节的习俗。

春节是一个亲人团聚的节日,这一点和西方的圣诞节很相似,离家的孩子这时要不远千里赶回到父母身边。过年的前一夜叫"除夕",又叫"团圆夜""大年夜"。在团圆夜,家家户户阖家欢聚,叙旧话新,互相祝福、鼓励。我国北方地区在此时有吃饺子的习俗,饺子的做法是先和面,"和"字就是"合",饺子的"饺"和"交"谐音,"合"和"交"有相聚之意,又取"更岁交子"之意,所以用饺子象征团聚;而南方有吃年糕的习惯,象征生活步步高。漫长的历史岁月使年俗活动内容变得异常丰富多彩,守岁达旦,喜贴春联,敲锣打鼓,张灯结彩,辞旧迎新的活动热闹非凡。

因为春节是一年之始,人们往往将它看作是新的一年运气好坏的兆示期。因此,在传统习俗中过年的时候禁忌特别多。语言方面,凡是诸如"破""坏""没""死""光""鬼""杀""病""痛""输""穷"之类的不吉利的字眼,都禁忌说出口来。也忌婴儿啼哭,因为啼哭是"没头彩",兆示疾病、凶祸,故这一天即使小孩惹了祸,大人们也不能打他或呵斥他,以免他啼哭不休。行为方面,端杯、盘、碗、碟时要格外小心,不能打坏。若不慎打坏时,在场的人就得马上说上两句吉祥的顺口溜如"缶(瓷器)开嘴,大富贵""碎碎(岁岁)平安"等来弥补。这一天米缸不能空着,以免来年有断炊之虞。忌洒水、扫地、倒垃圾,这叫作"聚财"。现在这些习俗正在慢慢淡化或被淘汰,比如,因为春节期间不少地方燃放鞭炮,人来客往,地上纸屑、垃圾特别多,若不打扫,的确有碍大雅。因此,从讲究卫生出发,不少年轻人如今对这些传统禁忌习俗不怎么讲究了。春节这一天甚至忌杀生。杀生被认为会导致刀灾、兵灾、血灾等灾祸的发生，但是，现在人们生活水平提高了，吃东西图个新鲜，为了口腹之快，也就没那么多顾忌了。

### （二）元宵节

农历正月十五日是中国的传统节日元宵节。正月为元月。古人称夜为"宵"，而正月十五日又是一年中第一个月圆之夜，所以人们称正月十五为"元宵节"。此外，元宵节也叫"上元""上元节"，是从道教借来的说法。

这一天，中国民间的传统庆祝方式主要有观灯、猜灯谜、吃元宵等。唐朝大诗人卢照邻曾在《十五夜观灯》中这样描述元宵节燃灯的盛况："接汉疑星落，依楼似月悬。"

元宵节还有吃元宵的习俗。元宵，古称"浮圆子""糯米圆"，又叫"汤圆""汤团"。一般以糯米粉制团，分别以桂花、芝麻、豆沙、白糖等为馅，置滚水中煮熟，或用油炸熟。因为汤团是元宵节的应时食品，所以后来又把汤团叫作"元宵"。吃元宵寄托了人们对未来生活的美好愿望，象征家庭像圆月一样团团圆圆。

随着时间的推移，元宵节的活动越来越多，不少地方在节庆时增加了耍龙灯、舞狮子、踩高跷、划旱船、扭秧歌、打太平鼓等活动。

### （三）清明节

清明节是我国的传统节日，在每年四月五日前后。清明节又称为"鬼节""冥节"。清明节最重要的习俗就是扫墓祭祖。清明节的扫墓祭祖活动在我国由来已久，这一天，家家户户的孝子贤孙都要到郊外去祭祀祖坟，为墓地锄草，替坟墓加土，好好给祖坟清扫修整一番。近些年来，清明扫墓已未必一定局限于清明节这一天，有的人家会在节日以前数天拜祭，也有的人家会在节后若干日子奉祀，只不过笼统地说是在清明上坟拜祭。

清明节还有一个重要习俗——插戴柳枝，所以清明节又有"插柳节"之称。插柳有多种形式，最常见的是插在门楣上和插戴在人身上，以期借助于柳树的旺盛生命力使得家庭兴旺，身体强健。同时，有了旺盛的生命力，恶鬼也就退避三舍，不敢接近，达到驱鬼避邪的目的。

除了扫墓祭祖、插戴柳枝外，清明节还有诸如放风筝、射柳、荡秋千、植树、斗鸡等传统活动。

### （四）端午节

端午节是我国民间三大节日（春节、端午、中秋）之一，端午节在每年农历的五月初五，又称"端阳节""龙舟节""重午节""浴兰节"。

端午节的传统庆祝方式有：吃粽子，赛龙舟，悬钟馗像，挂艾叶和菖蒲，饮雄黄酒，游百病，佩香囊，拴五色丝，斗百草。

### （五）中秋节

中秋节是我国民间传统节日，在每年农历的八月十五。根据我国的历法，农历八月在秋季中间，为秋季的第二个月，称为"仲秋"，而八月十五又在"仲秋"之中，所以称"中秋"。

中秋节的庆祝活动，古时以祭月和拜月为主。设大香案，摆上月饼、西瓜、苹果、红枣、李子、葡萄等祭品，其中月饼和西瓜是必备祭品，西瓜要切成莲花状，在月下，将月亮神像放在与月亮同方向的位置，红烛高燃，全家人依次焚香拜月、说出心愿，祈求月亮神的保佑，然后由当家主妇切开团圆月饼。

许多地方还形成了烧斗香、树中秋、点塔灯、放天灯、走月亮、舞火龙等特殊风俗。中秋节还有许多关于"嫦娥奔月""吴刚伐桂""玉兔捣药"的古老神话传说。如今，月下游玩的习俗已远没有旧时盛行，但设宴赏月仍很盛行，人们把酒问月，庆贺美好的生活，或祝远方的亲人健康快乐，和家人"千里共婵娟"。

（六）重阳节

重阳节在每年农历九月初九，二九相重，称为"重九"。又因为在我国古代，九是阳数，因此，重九就叫"重阳"。古代，民间在这一天有登高的风俗，所以重阳节又叫"登高节"。

重阳登高，还要吃花糕，因"高"与"糕"谐音，故应节糕点被称为"重阳花糕"，寓意"步步高升"。

重阳节还有插茱萸的风俗。古人认为这可以避难消灾。人们或将茱萸佩戴于臂，或把茱萸放在香袋里面佩戴在身上，还有的将茱萸插在头上的。多数地方是妇女、儿童佩戴茱萸，有些地方男子也佩戴。

重阳节除了佩戴茱萸，还要赏菊、饮菊花酒。由于菊花在农历九月里盛开，又有"长寿花""延龄客"之称，所以在重阳节里，菊花也和茱萸一样，扮演着重要的避灾角色。

## 二、外国主要国家交往习俗

### （一）日本

日本人总的特点是勤劳、守信、遵时，生活节奏快，工作效率高，民族自尊心强。他们注重礼节，见面时互致问候。在称谓上一般都称呼对方的姓，而且无论男女，一般都在姓的后面加上后缀"桑"，意即"××先生""××女士""××小姐"。对于企业、学校等组织里的位尊者，多用称谓加上"君"，如"董事长君"。如果是初次见面，则相互鞠躬，交换名片，一般不握手。如需要谈话，则到休息室或房间交谈，日本人对声音高低特别敏感，习惯于低声交谈，讨厌别人对着自己哈哈大笑、打哈欠或擤鼻涕。日本人拜访客人时，一般要避开清晨、深夜及用餐等时间；拜访要事先约定，突然访问是失礼行为。结束拜访回家后，应该立刻打电话告诉主人你已回来，并表示感谢，再见面时，应再次对主人的款待表示感谢。

日本人忌荷花图案，认为那是"妖花"。菊花是日本皇族的徽号，不可随便使用。为讨口彩，数字要避开4、6、9。在日本，不能3人合影，认为中间的人被左右2人夹着，是不幸的预兆，故应该回避3人合影。此外，日本人讨厌金银眼的猫，认为看到这种猫的人要倒霉。日本人在颜色方面忌讳绿色，认为这种颜色是不祥之色。向日本人赠送礼品时，不要送装饰着狐狸和猩猩的图案的礼品，因为在日本人看来狐狸是贪婪的象征，猩猩则代表狡诈；不要送手帕给朋友，除非你想和他绝交；也不能随便将茶叶送人，因为茶叶是日本人在做完法事后作为国礼而馈赠的一种礼物；在送结婚礼品方面严禁选择刀具或玻璃陶瓷等易碎物品，因为这容易使人想起一些不祥的事情。

### （二）新加坡

新加坡人十分讲究礼貌礼节，服务质量很高，其风俗习惯因民族及宗教信仰而异。新加坡华人保留了我国古代的许多遗风，见面时习惯相互作揖，微鞠躬或握手，能熟练地使用中文交流。有印度血统的人仍保持印度的礼节和习俗，妇女额上点着吉祥点，男人扎白色腰带，见面时双手合十致意。有马来血统或巴基斯坦血统的人则按伊斯兰的礼节行事。英国文化对新加坡有一定影响，新加坡人的生活礼节中有较多的西方礼仪。

新加坡忌说"恭喜发财"（新加坡视此话为挑唆发横财）；交谈时忌涉及政治、宗教等问题；忌双手叉腰或用食指指人；用餐时不得将筷子置于盘碗上或交叉摆放。

### （三）泰国

泰国被称为"千佛之国""黄袍佛国""白象之国"，其礼仪习俗深受佛教影响，泰国人在待人接物过程中有许多约定俗成的规矩。朋友相见，双手合十，互致问候，向长者示礼时双手合十举过前额，长者还礼时双手不高于前胸。有长辈在座，晚辈只能坐在地上或蹲跪，整个身体不能高于长辈头部。从坐着的人面前走过时要略微躬身，表示礼貌。一般人递东西用右手，表示尊敬。泰国人进寺庙烧香拜佛或参观时必须衣着整洁、摘帽脱鞋，以表示对神的尊重。

泰国人特别重视头部，认为头颅是智慧所在，禁止他人触摸。与人交谈时双手不能插在衣服口袋中。不能说对国王和佛祖不敬的话。购买佛饰不能说"买"，必须说"求租"。进寺庙严禁穿背心、短裤或赤胸露背。睡觉忌头向西方，因日落西方象征死亡。忌用红笔签名，因人死后用红笔将其姓氏写在棺木上。在泰国，所有的佛像都是神圣的，未经允许不准拍照。此外，泰国人还认为门槛下住着善神，因而绝不可以踩踏门槛；夜间也不能开窗户，否则恶神会闯入屋内。

### （四）韩国

韩国人勤劳勇敢，热情好客，能歌善舞，民族自尊心强，十分讲究礼貌。尊敬老人被认为是韩国人最基本的礼节，与长辈同坐，要挺胸端坐；若想抽烟，须征得在场的长辈同意；用餐时不可先于长者动筷；等等。如果同事年龄比你大，那么在他面前盘腿坐或抽烟都被视为失礼，谈话时正视对方也会被认为没有礼貌，见面握手时也要把头稍微低下为好。韩国人一般不轻易流露自己的感情,在公共场所不大声说话。韩国妇女对男子十分尊重,男女双方见面时,女子先向男子行鞠躬礼,致意问候;男女同坐时,男子位于上座,女子则坐于下座。如果应邀去韩国人家里做客,不可空手前往,按习惯要带一束鲜花或一份小礼物,并用双手奉上。吃饭时要尽量对饮食做一些得体的评价,如果客人把饮食剩下,韩国人会误解为食物口味不好。

韩国人忌讳数字4,许多楼房的编号忌用数字4,军队、医院等绝不用4这个数字编号。在饮茶或饮酒时,主人总是以1、3、5、7的数字来敬酒、敬茶、布菜,避免以双数停杯罢盏。吃饭时不能随便发出声响,更不许交谈。进入家庭住宅或韩式饭店应脱鞋。在大街上吃东西、在人面前擦鼻涕,都被认为是粗鲁的行为。韩国人忌在别人家里剪指甲,以免两家死后结怨;吃饭时忌戴帽子,否则终身受穷;睡觉时忌枕书,否则读书无成。

### (五)英国

英国人普遍具有良好的礼仪素养,一向以具有彬彬有礼的绅士风度著称。冷漠和保守是英国人的主要性格特征,英国人不太热衷于交际,也不轻易动感情或表态,性格内向、含蓄,重视幽默感。特别是受过高等教育的英国人,谈吐幽默,文雅脱俗,声音不高,视夸夸其谈为缺乏教养,视自吹自擂为低级趣味。英国人特别喜欢别人称他们的世袭头衔或荣誉头衔,这让他们有一种"曾经辉煌"的良好感觉,所以至少要用"先生""女士""阁下"来称呼他们。英国人的时间观念极强,除了吃饭时可以允许稍晚几分钟之外,其他活动均应准时到达。

英国人在社交中有较多的禁忌。要避免称英国人为"英格兰人",而要称其为"不列颠人";在英国,13号、星期五都是不祥的日子;行走时应避免从楼梯或者梯子下边走过,否则有侵犯圣境的嫌疑;在英国购物,应避免讨价还价;为客人点烟忌用同一根火柴给第三个人点烟;英国忌将人像用作服饰图案和商品包装,生活中也忌用大象和孔雀图案;社交中忌送百合花,认为百合花意味着死亡。

### (六)法国

法国人有强烈的民族自尊心和优越感,性格热情开朗,比较幽默、诙谐,萍水相逢就能亲热交谈,但邻居间很少往来,也很少请人到家中做客。法国人特别爱好音乐、舞蹈,讲究衣饰,待人彬彬有礼,对妇女谦恭有礼是法国人的传统。在社交场合与客人见面时,法国人一般以握手为礼,少女和妇女也常施屈膝礼。在公共场所从不喧哗,也不随便指手画脚。法国人爱自由,纪律性较差,准时赴约是有礼貌的表示,但迟到是法国长期存在并延续至今的一个传统习惯。法国人酷爱一切与文化艺术和美学价值有关的人和事,带有艺术鉴赏、民族风情特色的礼品深受法国人的青睐。

在法国送花时花的枝数不能是双数,并且忌送菊花和杜鹃花;忌黑桃图案,认为其不吉祥;忌墨绿色,因第二次世界大战期间纳粹军服是墨绿色的;法国人视孔雀为恶鸟；忌仙鹤图案，认为仙鹤是蠢汉和淫妇的代称；忌送香水等化妆品给法国妇女，因为它有过分亲热或图谋不轨之嫌。

### （七）德国

德国人是非常讲究秩序的，他们具有勤劳整洁的生活习惯，在公开场合以及与人交往时，举止严肃，对人敬重适度，事事循规蹈矩。德国人办事认真仔细，责任心极强，不能容忍对工作有一丝敷衍塞责，有句俗话说"公务是公务，烧酒归烧酒"，私下烟酒不分的朋友，办起公事来却公私分明，不讲一点儿私情。在德国，人们视遵纪守法为最高伦理原则，普遍存在着求稳怕乱、安于现状、易于满足的心理。德国人不习惯送重礼，所送礼物多为价钱不贵，但有纪念意义的物品，一束鲜花、一盒巧克力糖果或一瓶酒足矣。德国男人一般喜欢蓄络腮胡子，而且样式还多种多样，他们爱通过不同样式的胡须来体现自己特有的风度和气质。

德国人生活中忌用茶色、红色和深蓝色，服饰和其他商品包装上忌用纳粹标记符号，忌送人玫瑰花。

### （八）俄罗斯

俄罗斯人性格开朗、豪放，集体观念强。男子外出活动时，十分注重仪容仪表，一定要把胡子刮干净，在社交场合，处处表现得有修养、守纪律、讲公德、懂礼仪。人们在公共场合相互谈话时低声细语，从不喧哗或妨碍他人。俄罗斯人见面时，习惯于接吻和拥抱，特别是亲人或好友相逢，要吻腮三下，长辈吻晚辈的额头，这一习俗被称为俄罗斯"三记吻"。在正式场合，俄罗斯人的称谓习惯是点名道姓外加父称，以表示郑重、尊敬。俄罗斯人酷爱鲜花，赠送鲜花时，少则一枝，多则几枝，但必须是单数，因为俄罗斯人认为，单数吉祥，双数不吉利，只有在对方有人去世时，才送双数鲜花，即送2枝或者4枝鲜花。在俄罗斯，主人给客人吃面包和盐，是最殷勤的表示。

俄罗斯人不喜欢黑猫，认为它不会带来好运气；俄罗斯人认为镜子是神圣的物品，打碎镜子意味着灵魂的毁灭；俄罗斯人特别忌讳13这个数字，认为它是凶险和死亡的象征；俄罗斯人送礼时忌送野外采摘的野花、家庭盆栽花、猫、蜡烛；俄罗斯人就餐时忌讳坐在桌子的角端吃饭。

### （九）美国

美国人具有很强的平等意识，认为大家不论职务高低、工作尊卑、财产多少，都是处于平等的地位，十分强调个人权利、价值、平等和自由。美国人性格开朗直爽，热情好客，慷慨大方，以不拘礼节著称。在大多数场合下，大多数美国人的衣着、体态、谈吐都相当随便。

美国人忌讳蝙蝠图案，认为它是凶神恶煞的象征，而白象则被喻为无用且累赘之物，故送人玩具或工艺品时应避开这些形象；美国人将黑猫从面前经过和打破镜子视为凶兆；忌讳数字13和星期五；忌在街上走路时啪啪作响；忌用同一根火柴为第三个人点烟。美国人忌食各种动物的内脏、头、尾和皮,不喜欢吃奇形怪状的食物,如鸡鸭爪、猪蹄。

### (十)加拿大

加拿大人多数系欧洲移民后裔,故其生活习俗多与欧洲及美国人大致相同。加拿大人比较随和友善,易于接近,他们讲礼貌但不拘于烦琐礼节。一般认识的人见面时要互致问候,彼此问好或握手。许多加拿大人喜欢直呼对方姓名,以此表示友善和亲近。加拿大人热情好客,亲朋好友之间请吃饭一般在家里而不去餐馆,认为这样更亲近、友好。加拿大人时间观念强,约会要事先约定,并准时赴约。拜访朋友或亲友,都要事先电话联系,确定时间,不能随便闯入。在过生日、结婚、分别等特殊日子都要送礼,礼品讲究包装,一般用彩色礼品纸包裹,扎彩带,装饰彩花,礼品上附有签名贺卡,接受礼品者应当面打开并致谢。

加拿大人忌讳数字13和星期五。在吃饭时不能说使人悲伤的事,在家里不能吹口哨,不能呼唤死神,不能讲不吉利的事情。应尽量避免在梯子下边行走。忌说"老"字,养老院称"保育院",老人称"高龄公民"。白色百合花用于加拿大人的丧礼,不能用作一般礼品。加拿大人忌食各种动物的内脏,也不爱吃肥肉。

### (十一)澳大利亚

澳大利亚人待客热情友好,办事爽快认真,乐于结交朋友,即使是陌生人在偏僻的地方相遇也要打个招呼或点头致意。澳大利亚人时间观念很强,会见必须事先联系并准时赴约。在待人接物方面比较随便,若应邀到他们家里做客,可以送葡萄酒一瓶、鲜花一束为礼。澳大利亚男人与人相处,感情不过于外露,大多数男人不喜欢紧紧拥抱或握住双肩之类的动作。

澳大利亚人对兔子特别忌讳,认为兔子是一种不吉利的动物,人们看到它都会感到倒霉。澳大利亚是一个讲求平等的社会,不喜欢以命令的口气指使别人。在社交场合,忌出现打哈欠、伸懒腰等动作。到商店里买东西不能讨价还价。

### (十二)埃及

埃及人在生活中严格遵守伊斯兰教的教规,其宗教信仰虔诚,热情好客,乐善好施,快乐健谈,人际关系相对轻松、融洽。埃及人的交往礼仪既有本民族传统的习俗,又有西方人通行的做法,上层人士更倾向于欧美礼仪。埃及人最广泛随时使用的问候是"祝你平安",当斋月来临时,人们常问候"斋月是慷慨的",而回答则是"真主更慷慨"。

埃及人忌蓝色,认为蓝色是恶魔;忌熊猫,因它的形体近似肥猪。埃及人常把眼睛与嫉妒联系在一起,认为有的人眼光带毒,称之为毒眼。埃及人忌针,每日下午3—5时埃及人不卖针、不买针、不借针,也不谈"针",否则,就要倒霉,因为"针"在埃及是贬义词。埃及人忌用左手触摸食具和食品;禁穿印有星星图案的衣服,同时有星星图案的包装纸也不受欢迎。

社交礼仪

## 第三节 宗教礼仪

### 一、与佛教界人士交往的礼仪

佛教起源于古代印度，其创立时间为公元前6世纪至公元前5世纪，相当于我国的春秋时代，距今已有2 500多年的历史，其创始人是释迦牟尼，姓乔达摩，名悉达多，他差不多与我国的孔子是同一时代人。释迦牟尼是佛教徒对他的尊称，意思是释迦族的"圣人"。

佛寺被佛教徒视为清净的圣地道场，非佛教徒进入寺庙烧香拜佛参观必须衣冠整洁，赤膊或只穿背心、短裤进入佛寺都会被视为玷污圣堂、亵渎神灵。在寺庙内要肃静，不得喧哗、吐痰、吸烟，不能用手指指、戳佛像或摸弄佛像与法器，也不能在佛灯上取火。尊重佛教徒的宗教信仰和风俗习惯，严禁将一切荤腥及其制品带入寺院，以保持寺庙清净。为了尊重佛教徒不杀生的宗教信仰，不得在寺庙附近宰杀生灵。与佛教徒见面时，不能触摸其头顶；不能主动与其握手，应双手合十以致敬意，如果对方向你双手合十致意，你要双手合十回敬。当寺内举行宗教仪式或做道场时，游客不能喧哗。未经寺内司职人员允许，不可随便进入僧人寮房等地方。交接物品时禁单用左手递拿东西，尤其是食品。

### 二、与伊斯兰教界人士交往的礼仪

伊斯兰教于公元7世纪初诞生于阿拉伯半岛，目前世界上有10亿多伊斯兰教信徒，他们信奉真主安拉。伊斯兰，是阿拉伯语的音译，本意"顺从"，即顺从唯一的神安拉。伊斯兰教的创始人是穆罕默德，其教义经典为《古兰经》和《圣训》，信徒称为"穆斯林"。

清真寺是穆斯林举行宗教仪式、传授宗教知识的地方，穆斯林视其为圣洁之地。进入寺内，要衣着整洁，不能袒胸露背，不得只穿短衣短裤。与其他宗教寺庙不同的是，非穆斯林不能随便进入清真寺，更不能进入礼拜大殿，不得在清真寺内抽烟、喧哗、唱歌、跳舞，不得将伊斯兰教禁忌的食物或把以人与动物为原形做成的偶像带进清真寺。伊斯兰教是禁止偶像崇拜的，所以在赠送礼品时不应送雕塑、画像之类的物品，也不要送洋娃娃给他们的孩子。穆斯林妇女地位较低，在许多国家，穆斯林妇女一般不外出参加社交活动。妇女出入公共场合与人见面时必须带上面纱，因此，在与穆斯林的交往中不能主动问候女主人，或向女主人赠送礼品。当着穆斯林妇女，自己在着装方面应避免袒胸露背、只穿短裙或短裤。伊斯兰教徒很讲究清洁，他们的住处打扫得非常干净，所以到伊斯兰教朋友家做客，一定要注意整洁，不能将其禁食的物品带去。信奉伊斯兰教者忌食猪肉、狗肉、马肉、驴肉和螺肉，不吃未经阿訇宰杀的和自死的畜禽肉，不吃动物的血。伊斯兰教规禁止饮酒，所以同他们交往，不能以酒相待，也应避免在他们面前饮酒。伊斯兰教规视左手为不洁，宗教界人士尤为重视，切忌用左手给他们拿吃的食品或食具。与伊斯兰教徒交谈，切忌用他们禁忌的事物打比方，也切勿谈论他们憎恶的事物。对其禁忌的事物，不可出于好奇而寻根问底，应当充分尊重其风俗习惯。

### 三、与基督教界人士交往的礼仪

基督教是对信奉耶稣基督为救世主之各教派的统称，该教与佛教、伊斯兰教并称为世界三大宗教，相传为基督耶稣创立，其教义经典为《圣经》。

基督教的教堂允许非教徒参观，但首先应当尊重对方的意愿，征得同意。进入教堂后，应当脱帽，并且不能喧哗，不得妨碍正当的宗教活动。要尊重其宗教信仰自由，不可对其尊崇的上帝、基督以及圣事和教义妄加评论。在守斋时，基督教徒是不吃肉食、不饮酒的，因此，设宴招待基督教徒应避开斋期，同时在安排菜肴时注意尊重基督教的饮食禁忌——不吃一切动物的血。向基督教徒赠送的礼品上，不应有其他宗教信仰崇拜的偶像的图案。不是基督教徒，最好不要乱戴乱用基督教的标志——十字架。相传耶稣的受难是由于 12 门徒中犹大的出卖造成的，其受难之日为星期五，最后的晚餐连耶稣在内共有 13 人参加，所以不少西方人忌讳数字 13，并将 13 号与星期五重合之日视为凶日。

**【拓展训练】**

**案例分析：**

判断下列说法是否正确。

（　　）① 与法国人一起吃饭或娱乐，不要抢着替他们买单，他们喜欢 AA 制。

（　　）② 与法国人交往时，初次见面要送些礼物。

（　　）③ 与英国人交往，不要穿戴太随便，不要随便称呼其名字，要加上"Mr."。

（　　）④ 跟美国人约会安排在星期五比较好。

（　　）⑤ 德国人比较开朗，但十分注重礼仪，不宜直呼其名字，不要谈论第二次世界大战。

（　　）⑥ 美国孩子长大后多数会离开父母去寻求自己的路，总统的儿子也不例外。

（　　）⑦ 在美国，男性最好不要给妇女送香水、衣物和化妆品之类的礼物。

（　　）⑧ 不能向美国人销售有蝙蝠图案的商品，也不要将之作为礼品送给他们。

（　　）⑨ 餐后，客人可以在主人家待上一两个小时再道别。第二天发便函向主人致谢，并送一些小礼物，如一盒巧克力或鲜花等。

（　　）⑩ 美国人忌食各种动物内脏。

（　　）⑪ 俄罗斯人对中餐非常喜欢。

（　　）⑫ 在俄罗斯街上行走，绝不能丢弃任何东西，连一张过期的电影票也不行。他们认为这种行为有损城市的整洁，而且是违规的。

（　　）⑬ 意大利人非常喜欢菊花。

（　　）⑭ 东欧一些国家的人们喜欢吃海味。

（　　）⑮ 在欧洲的一些国家，新娘在婚礼前不会试穿结婚用的礼服，因为她们认为试穿礼服会导致日后幸福婚姻的破裂。

答案：

① 正确　② 错误　③ 错误　④ 错误　⑤ 错误　⑥ 正确　⑦ 正确　⑧ 正确　⑨ 正确　⑩ 正确　⑪ 正确　⑫ 正确　⑬ 错误　⑭ 错误　⑮ 正确

## 思　考　题

1. 旅游时要注意哪些方面的礼仪？
2. 与宗教界人士相处应该注意哪些方面的礼仪？

# 第九章 仪式之礼

按规行礼、心存敬畏、严肃庄重、尊重礼俗。

## 第一节 入团、升旗礼仪

### 一、入团礼仪

入团是指参加中国共产主义青年团。

#### （一）入团仪式

新团员入团活动，一般以团支部为单位组织开展，不仅要组织全体在册团员参加，还要注意组织流动团员参加，并可以吸收入团积极分子到场观摩。仪式应严肃庄重，富有教育意义。参加者要着装整洁，按规定行礼，肃立倾听，不随意走动、交流。现场应悬挂团旗，团员要佩戴团徽。（如图9-1）

入团仪式的主要程序是：

① 团支部书记宣布团员大会开始；

② 全体与会人员唱《中华人民共和国国歌》《国际歌》；

图9-1　入团仪式

③ 新团员依次朗读自己的《入团申请书》；

④ 新团员表入团决心；

⑤ 全体团员举手表决；

⑥ 由团支部书记（或组织委员）宣布团支部决议草案，上报上一级团组织以获得批准；

⑦ 全体团员合唱团歌；

⑧ 团支部书记宣布大会结束。

（二）入团誓词

我志愿加入中国共产主义青年团，坚决拥护中国共产党的领导，遵守团的章程，执行团的决议，履行团员义务，严守团的纪律，勤奋学习，积极工作，吃苦在前，享受在后，为共产主义事业而奋斗。

## 二、升旗礼仪

国旗是一个国家的象征，升降国旗是对青少年进行爱国主义教育的一种重要方式。在我国，无论中小学还是大中院校，都要定期举行升国旗仪式。升旗时，全体学生应提前整齐排列，面向国旗，肃立致敬。当升国旗、奏国歌时，全体人员要立正、脱帽，行注目礼，唱国歌时要声音响亮，直至升旗完毕。如果升旗仪式开始但参加者仍未走到指定的地点，参加者应立即停下脚步，面向国旗，行注目礼，待升旗

图9-2  升旗仪式

仪式结束后再快步走到指定地点。升旗是一项严肃、庄重的活动，一定要保持安静，切忌自由活动、嘻嘻哈哈或东张西望。

## 三、大会或典礼礼仪

① 提前或准时到达会场。最好集合排队、有序地进入会场，不要三三两两、说说笑笑地进入会场。如果有统一要求，则要穿上校服。

② 进入会场，按指定地点站立或迅速入座，保持站姿和坐姿端正，不要闲逛或大声招呼他人。

③ 在等待学校领导和老师期间，应保持安静，不交头接耳，确保手机关闭或处于静音状态。

④ 大会或典礼期间，不要随意进出，更不能接听手机或收发短信，应认真聆听他

人发言，必要时给予掌声。

⑤ 如果会议组织者预先安排有自己的发言，可遵从安排发言。如果会议发言是自由自愿的，可酌情决定自己发不发言。若发言，则不可抢着发言或随意打断别人的发言。

⑥ 大会结束，安静有序地退场，挪动座椅时动作要轻，不可发出较重的声音或刺耳的声音。

⑦ 会议期间，不要嚼口香糖、吃零食、嗑瓜子等。

## 第二节　成人、毕业礼仪

### 一、成人仪式礼仪

我国古代非常重视"成人"礼仪，注重发挥其在人们世界观、人生观、价值观形成过程中的教化功能。

孔子和早期儒家学者常常提到"成人"这一概念。孔子强调"仁"。在他看来，有仁德是做人的前提，是"成人"的基本要求。懵懵懂懂的孩子是自然人，不是具有社会义务和责任意识的"成人"。人要"成人"，就应当注重"仁"。所以孔子说："仁者，人也。亲亲为大。"在孔子和早期儒家学者看来，"成人"首先是"有知识的人"，即是对社会有基本认知的人。但"成人"与"成人之行"（德行）又有所不同。一个人有了知识，具备了"成人"的基本素质，然后再接受仁义礼乐教化，这样才能具备"成人"的德行。

汉族自古就有成人礼仪，男孩子的成人礼仪叫作"冠礼"，女孩子的成人礼仪叫作"笄礼"。汉文化是重视礼仪的文化，而冠、笄之礼就是华夏礼仪的起点。为跨入成年的青年男女举行这一仪式，是要提示他们从此将由家庭中毫无责任的"孺子"转变为正式跨入社会的成年人，只有承担成人的责任、履践美好的德行，才能完成各种合格的社会角色转换。通过这种传统的仪式，青年男女可以正视自己肩上的责任，完成角色的转变，宣告长大成人。汉族成年礼，延续数千年，至清朝初年，统治者一纸令下，绵延了几千年的成人礼宣告终结，以致后来人只能在"不知不觉"中进入成年。如今我国各地正在逐渐恢复成人礼。

现代成人礼一般为18岁成人礼，由于18岁正是处在读书时期，因此成人礼多由学校团委主办，所有进入18岁的学生都要参与其中。成人礼活动气氛严肃，针对性强，弘扬"爱国、进步、民主、科学"的精神，旨在加强对学生进行社会主义荣辱观的教育,帮助学生树立社会主义主人翁意识和成人意识,增强学生的社会责任感与历史责任感,引导广大青年学生在成人之际,科学合理地规划人生,自觉履行公民义务,积极承担社会责任,立志成才,为国家和社会做出贡献。

参加成人仪式的学生必须穿正装,衣着整洁,遵守秩序,在参加仪式的过程中不可交头接耳或者做与仪式无关的事情。

现代成人礼的活动流程不像古代成人礼那样要求严格、程序烦琐,可根据不同需要进行流程设计,大致流程可参照以下环节:

① 主持人宣读开场白;
② 全体起立,奏唱国歌;
③ 由团委书记宣布活动开始并致辞;
④ 学生代表带领全体学生宣誓;
⑤ 成人心声告白,学生代表发言;
⑥ 主持人宣布活动结束。

此外,还可以邀请老师、家长参加成人仪式,共同见证这一神圣的时刻。

【案例】

**十八岁成人仪式宣誓誓词**

今天是我们18岁生日,值此正式成人之际,我以一个中华人民共和国公民的名义,面对中华人民共和国国旗庄严宣誓:

捍卫神圣宪法,维护法律尊严;
履行公民义务,承担社会道义;
继承先辈遗志,弘扬优秀传统;
国家昌盛为先,人民利益至上;
热心奉献社会,无愧祖国培育;
投入学习生活,勤勉奋发有为;
不畏艰难困苦,不负人民厚望;
以我火红青春,建设锦绣中华;
以我壮志激情,创造崭新未来。

## 二、毕业典礼礼仪

参加毕业典礼的学生,必须注意遵照以下礼仪:

① 着装要求:必须着正装,不得穿运动鞋、休闲鞋;
② 参加典礼期间所有人必须保持肃静,关闭手机等通信设备,不得随意走动;

③ 音乐响起，全体起立，主礼团入场，全体人员保持安静，行注目礼；
④ 上台受礼要用右手端好礼帽，鞠躬，向师长表达感恩之情，接受拨穗礼；
⑤ 礼毕，从舞台的另一侧下，听从工作人员指示，按秩序返回座位坐下。

## 思 考 题

1. 参加升旗仪式时要注意遵照哪些礼仪？
2. 参加大会或典礼时应注意遵照哪些礼仪？

社交礼仪

# 第十章 职场之礼

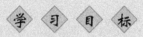

刻苦钻研、自我培养、恪守道德、良好过渡。

## 第一节 学生顶岗实习礼仪

为进一步提升职业类院校的办学水平，提高学生的综合素质和职业能力，培养在生产、服务和管理一线工作的各类应用型人才与高素质劳动者，根据教育部有关文件规定，中专学生实行"2+1"、大专学生实行"4+1"教学模式，即学生毕业前一年必须下企业顶岗实习。所有学生，都应树立正确的劳动观和人生价值观，积极参加校外实习，并圆满地完成实习任务，为顺利走上就业岗位打下良好的基础。

### 一、顶岗实习的相关管理规定

① 顶岗实习是学校教学计划的重要组成部分，所有学生都必须按专业教学计划的要求按时参加顶岗实习，对于无正当理由而不参加者或实习成绩不及格者，学校不予毕业。

② 学生实习期限为一年。学校根据学生在校综合表现安排不同的实习岗位。学生实习必须服从学校的统一安排及管理，在一年实习期内不得擅自变动实习单位。凡自动离开实习单位、不参加实习的同学，将被视同旷课；经教育仍不悔改的，学校将依据职业类院校有关学籍管理规定给予处理，并要求来校办理相应手续。如有特殊情况不得不离开实习单位的，必须征得学校、实习单位双方同意，并来校办理相关手续。

③ 学生在实习期内要认真学习、刻苦钻研各方面技能，了解企业文化，学会适应

社会，不断培养吃苦耐劳的品质，踏实做人，务实做事，树立正确的实习观念，为毕业后就业打下良好的基础和创造更多的空间。严格遵守所在岗位的操作规程、劳动纪律，爱护劳动工具、仪器、设备，并注意自身安全，防止意外事故发生。学生因违反实习纪律和安全规则而造成自身伤害的，由学生本人负责；造成他人伤害和经济损失的，由学生本人及其法定监护人承担相应的经济和法律责任。

④ 尊重师傅，服从分配，认真工作，并遵守单位的保密制度。若遇到问题，应及时与指导老师或辅导员联系，由各系上报学校就业办，再与实习单位协商解决。学生不得与实习单位直接发生冲突。若因学生原因给学校声誉造成不良影响，学校将根据有关规定给予该生相应处分，追究其相应责任。

⑤ 积极主动与学校、辅导员、实习单位指导老师及家长保持紧密联系，并按要求填写《学生顶岗实习管理手册》，完成顶岗实习报告。

## 二、寝室礼仪

### （一）寝室行为礼仪

① 爱寝如家，自觉保持实习单位寝室的清洁卫生。

② 在指导教师或实习单位领导来寝室访察时要站立相迎，热情接待；在其离去时要起身送至门外。

③ 在寝室内，讲话要文明，不讲脏话，不传播不健康物品。

④ 仪表整洁，着装大方。

⑤ 自觉按实习单位分配的房间和床位住宿，不私自调换。

⑥ 自觉服从实习单位管理人员的管理，尊重服务人员的劳动。

⑦ 不私自在实习单位外租房居住，如果有特殊情况，须经学校、企业双方批准。

⑧ 不在寝室内吸烟酗酒、打架斗殴、聚众赌博。

⑨ 不私自留宿他人，严禁男女生窜寝。

⑩ 自觉遵守作息时间，不旷寝、不漏寝、不晚归。

⑪ 不在寝室内喧哗及进行球类等活动，不停放任何车辆，不在水房等公共场所赤身洗澡。

⑫ 不在寝室内观看不健康书籍、光盘等图书音像制品。

⑬ 不在寝室内乱贴、乱画、乱钉，不养宠物。

⑭ 寝室布置文明、健康、美观、高雅。

⑮ 不乱扔乱倒，爱护公物，节水节电。

⑯ 对于实习单位生活区方面的建议和意见应通过正常渠道反映。

⑰ 积极配合生活区管理人员的工作，发生重大事件后及时向学校和实习单位有关部门汇报。

## (二)寝室卫生、内务礼仪

① 寝室里外地面无垃圾,门口不堆放垃圾,清扫工具摆放整齐。
② 窗台上的物品摆放整齐。
③ 桌面上的物品摆放整齐,无食品残余物。
④ 书架上的书籍摆放整齐,书架无积灰。
⑤ 衣柜内部物品摆放整齐,内部无积灰。
⑥ 寝室内被子、枕头、衣服等叠放整齐、风格一致。
⑦ 床面平整,不乱放物品。
⑧ 空床上的物品摆放整齐。
⑨ 床下物品摆放有序,无堆积杂物现象。
⑩ 墙壁整洁,衣物、贴画井然有序。
⑪ 脸盆里外干净;洗漱用品摆放整齐,里外干净无污迹。
⑫ 地面整洁,无废弃物。
⑬ 无男女混寝现象。

## (三)寝室安全礼仪

① 不要随便将现金及其他贵重物品如手机、笔记本电脑等放在寝室内的抽屉及衣柜内,防止丢失。
② 妥善保管个人物品,离开房间时锁好门窗。
③ 不招引外人进入寝室,发现生人立即报告管理人员。
④ 严禁实习学生在寝室楼内燃放烟花爆竹。
⑤ 当发生火灾及盗窃案件时,要及时向寝室管理人员及实习单位保卫部门报告,保护好现场。
⑥ 实习学生在寝室内违反规定造成各种后果,由其本人负责。

# 第二节 求职面试礼仪

## 一、面试之前的准备

### (一)心理准备

1. 要知己知彼

知己当然是了解自己。可以通过自省,也可以通过家人、师长、朋友、同学的描述,将这些内容罗列出来,主要包括:

① 个人的兴趣、爱好、特长；
② 个人的优点和缺点；
③ 个人最喜欢做的事和最不喜欢做的事；
④ 专业成绩情况；
⑤ 历年来获奖或取得成绩的情况；
⑥ 获得这些成绩所应用的技能；
⑦ 参加过哪些社会活动并取得什么样的成绩；
⑧ 最喜欢的社会活动情况；
⑨ 人际交往的情况；
⑩ 没做成的事情及原因。

知彼，就是了解用人单位及所应聘岗位。求职之前，在了解自己的基础上，我们还要对就业形势、相关的用人单位、所求工作的性质和内容以及求职面试的程序做充分的了解，这样才能做到化被动为主动，有的放矢，避免盲目性。经过分析自己、分析用人单位及所应聘岗位的特点，求职者需要扬长避短，对招聘单位最欢迎加入的人有初步的了解。

2. 面试时要自信、冷静，有积极的心态

自信是实力的表现。有信心才会有热情和勇气，才会拿出百倍的精神去面对困难、克服困难。每一个求职者都应该是自信的，因为无论他们是即将毕业的在校生，还是有过一定工作经历的人，都具备了相应的知识和能力，再加上充分的面试准备，完全有理由相信自己能在面试中有良好的表现。

面试时，求职者会被要求回答各式各样的问题，因此，求职者保持冷静的头脑、清晰的思路就显得尤为重要。

这些年来，就业难的问题日益突出，"僧多粥少"的现实情况不容许我们做等待机会的人，我们要有竞争意识，主动出击，以积极的心态去争取就业机会。

（二）简历和资料的准备

面试前，求职者应该提前准备好参加面试所需要携带的东西，包括公文包、笔记本、文凭、身份证、各种证书、照片、笔、多份打印好的简历等，以免遗漏。所有准备好的文件都应该平整地放在一个文件夹或档案袋里。

1. 公文包

求职时带上公文包会给人以专业人员的印象。公文包不要求是很贵重的真皮包，但看上去应大方典雅，可以平整地放下 A4 纸大小的文件。

2. 笔记本

在寄出简历的同时，应该把每个公司的招聘信息剪辑、编排，统一整理到一个求职记录本中，以便在收到企业面试通知时进行查询。当然，这个求职记录本还应记录即将参加或已参加的面试时间、地址、联系人和联系方法,面试过程的简单记录、跟进笔录等。此笔记本应随时带在身上,以便记录或查询。

3. 文凭、身份证和各种证书

准备好学历证书、身份证及所获奖励证书等备查文件的正本和复印件。如果面试时公司人事主管提出要查看一些文件的正本而面试者有没有带的话,是非常尴尬和不礼貌的,这是面试礼仪中最应该避免的疏漏。此外,如果有工作成果的证明、作品或者专利证明等,也务必带上,因为这是证明自己最好的"秘密武器"。

4. 简历

简历,是求职的"敲门砖",是求职者与用人单位的"第一次接触",其对于求职的重要性不言而喻。对于用人单位来说,一则招聘信息的发布可能会吸引上千份的求职简历,然而这其中能得到他们眷顾的最多只有20%。职场如战场,求职就是一场战争,如何在千军万马中杀出重围,占领成功制高点,简历就是攻城拔寨的利器。制作简历要认真准备,突出重点,强化细节,如此才能给用人单位留下良好的第一印象。

一般而言,求职简历的正文主要包括以下三部分。

一是个人的基本情况介绍。

二是个人的学历情况概述。主要包括学历历程、在校期间获奖情况、爱好和特长、参加过的社会实践活动与所任职务以及承担的任务等。

三是个人的工作经历。例如,介绍曾经工作过的单位名称、职位、个人工作成绩、培训或深造就学情况、工作变动情况以及职务升迁情况等。

即使你的简历已使你获得面试的机会,约谈者也仍有可能再次收取一份,因此必须准备多份完整的简历。这样做的目的主要有两个:一是面试前可能出现需要填写信息表格的情况,此时可取出作为参考;二是如果不止一个面试官,可使他们人手一份,这样做可以体现出你的细心和你对这次求职的重视程度。

### 小贴士

**撰写简历有何礼仪要求**

1. 称呼要得体

一般而言,接收你简历的人应该是单位里有权录用你的人,要特别注意此人的姓名和职务,书写要准确,万万马虎不得。因为他们第一眼从信件中接触到的就是称呼,最初的印象如何,对于这份求职信件的最终效果有着直接影响,因而要慎重为之。因为求职信往往是首次交往,未必对用人单位有关人员的姓名熟悉,所以在求职信件中可以直接称呼职务头衔等。如"某公司负责人""某公司经理""某厂长"……记住你的目的在于求职,带有"私"事公办的意味。因此在称呼上一定要求严肃谨慎,不可过分亲近,以免给人以"套近乎"或阿谀、唐突之嫌。

## 第十章 职场之礼

### 2. 问候要真诚

问候是一种必不可少的礼仪，必须让对方在你的问候中感到真诚。问候语可长可短，即使短到只有"您好"两字，也体现出写信人的一片真诚，而不是应景文章。

### 3. 正文内容要清楚、准确

正文是书信的主体，也就是你写这封信的目的。正文从信笺的第二行开始写，前面空两格。书信的内容尽管各不相同，写法也多种多样，但都要以内容清楚、叙事准确、文笔通畅、字迹工整为原则。此外，还要谦恭有礼，即根据收信人的特点、写信人与收信人的特定关系选择措辞。

### 4. 祝颂要热诚

别看正文后的问候祝颂语只有几个字，但表示出了你对收信人的祝愿、钦佩，也有不可忽视的礼仪作用。祝颂语可以套用约定俗成的方式，如"此致敬礼""祝您健康"之类，也可以另辟蹊径，即景生情，以更能表示出对收信人的良好祝愿。给用人单位领导写信，落款可写"求职者"或"您未来的部下"。在名字的下方，还要选用适当的礼告敬辞，比如选用"敬启""谨禀""叩上""敬上"等。

### 5. 信封称呼用尊称

信封的填写除了清楚、明了地注明收信人地址、邮政编码、姓名及发信人地址及姓名以外，还要恰当地选用对收信人的礼貌用语。尤其要注意收信人的称呼。信封是写给邮递员看的，因此应根据收信人的职衔、年龄等，写上"经理（或总经理）""厂长""人力资源部部长""人事经理""先生""同志""女士"等。此外，还要讲究启封辞和缄封辞的选择。

### （三）服饰和仪表准备

求职面试时，给人留下第一印象的往往是求职者的仪表服饰。第一次见面，求职者要力争给人以整洁、美观、大方、明快之感。主考官能通过应聘者的服饰和仪表联想到其将来工作时的精神状态。着装得体、仪容整洁会给人以大方、精干的好印象；反之，不修边幅、蓬头垢面则会给人以懒散、不求上进的感觉。

由于招聘单位的不同，对仪表服饰的要求也会有所不同。国家机关要求仪表服饰整洁、端庄；涉外单位要求仪表服饰漂亮、明快；工厂、企业要求仪表服饰朴素、大方。总结起来，服饰的基本要求是：整洁、大方、合身、得体，符合季节特点，符合年龄和个性气质，适合所应聘职业的要求。仪表的基本要求是：干净、整洁。

在 IBM 面试中，最先被拒绝的人可能就是那些穿着以及言谈举止不合时宜的人，如穿拖鞋、牛仔裤的人，还有的就是那些说话带脏字或颠三倒四、意识显得不着边际的人。

1. 仪容修饰要适度

仪容能给人造成直接而敏感的"第一印象",美好的仪容总能因令人敬慕而受到青睐。在面试时一定要注意保持自己的仪容美,以赢得面试官的好感,促使面试成功。

求职时,妆容应以简洁、大方、亲切、自然为恰到好处。对于女性可以化一些淡妆,切记不可浓妆艳抹,或打扮得异类前卫,以免弄巧成拙。

修饰仪容的基本规则是:美观、整洁、卫生、得体。因此,无论男士还是女士在面试前一定要精心梳理,不必涂抹得过于油腻,要除去头屑和头饰中闪亮的饰物。如果戴有近视眼镜,则应擦干净眼镜片。此外,女士一般不留披肩发,以把头发盘起来或梳扎起来为好;男士不留长发、不烫卷发,在出发前最好刮干净胡须,这样显得非常精干。

2. 仪表修饰要得体

面试时,合乎自身形象的着装会给人以干净利落、有专业精神的印象,男士应显得干练大方,女士应显得庄重俏丽。一般来说,面试时仪表修饰的基本要求是:整洁、庄重、正规。

应聘者的仪表必须干净、整齐,绝不能不修边幅。面试时所穿的衣服务必无污迹、无破损,尤其是衬衫的领口与袖口要确保干净、清洁、无污垢。

女士穿着切忌过分摩登,或是刻意追求怪异、新奇、性感。尤其忌穿露肩、露背、露腰的"三露"服装,可以选择整洁大方的套装;男士不能在面试时穿T恤、牛仔裤、运动鞋,免得给人以一副随随便便的样子,最好准备一套合身、穿着舒服但价格并不很昂贵的深色西装。

3. 正规

按常规来说,男士应该本着"三色原则"着深色西服,穿白色衬衫,系单色领带,穿深色线袜、黑色皮鞋;女士应着素雅套裙、肉色连裤长袜及黑色或与套裙配色的中跟皮鞋,最好不要佩戴首饰。

## 二、面试礼仪

所谓面试,是指为了更深入了解求职者的情况、判断求职者是否符合工作要求而进行的招聘人员与求职者之间的面对面接触。面试礼仪能够体现出求职者的素质。这也是用人单位对求职者的考核内容之一。因此,求职者在面试时要严格遵守面试礼仪。

(一)面试前的礼仪

1. 提前到达

一定要提前赶到面试地点,一般来说以提前 10~15 分钟为宜(提前半个小时以上也被视为没有时间观念)。最好在面试前能够去一趟洗手间,再一次梳理一下头发,整理一下着装,擦拭一下皮鞋,对着镜子,给自己一个肯定、自信的微笑,然后轻松上阵。

2. 等候期间的注意事项

进入面试单位，若有前台，则应开门见山说明来意，经指引到指定区域等候；若无前台，则找工作人员求助。记住，在询问或与他人交谈时，要使用"您好""请问""谢谢"等礼貌用语。

在等候期间应保持安静和正确的坐姿，不要来回走动，也不要和其他求职者聊天。

最好在进入面试单位之前就关闭手机或将手机设置为静音状态。在等候面试期间，不宜大声接听电话或只顾忙着发短信、玩手机游戏等。

在等候期间，不宜抽烟和嚼口香糖（为保口气清新，可于面试前半个小时含一枚口香糖）。

3. 轻敲门、慢关门（除非有专人引导）

如果没人通知，即使前面一个人已经面试结束，也应该在门外耐心等候，不要擅自进入面试房间。听到喊自己名字时，回答"是"或"到"，要清脆响亮。进入面试房间前要敲门，一般以敲两三下为宜。如果门是关着的，要以里面听得见的力度敲门，待听到"请进"时要回答"打扰了"方可开门进去；如果门是开着的或掩着的，也要先轻轻地敲两三下门，在获得同意之后，再进入房间。

进入房间后，不要随手关门，要转过身去正对着门，用手轻轻将门合上。

4. 学会等待、适时问好

合上门后，回过身将上半身前倾30°，向面试官鞠躬行礼，面带微笑称呼一声"老师好"，然后报上自己的名字。如果事先从接待人员那里知道了面试官的姓名和职务，可在问好时礼貌称呼，有助于拉近求职者和面试官的距离。但如果不知道面试官的姓名和职务，千万不要乱称呼。

如果进门时面试官正埋头整理或填写资料，不要贸然和面试官打招呼，以免打断他的思路。有时候，面试官会主动要求你先等一会儿。这个时候，你要表现出理解和合作，在一旁静静等待，千万不要东张西望，尤其不要对面试官手头的资料探头探脑。

5. 握手

尽管有多种握手的方式，但求职者在面试时的握手，要力求专业，要传递给面试官自信、大方的感觉。因此，求职者要做到以下几点。

① 一般要等待面试官的手主动朝你伸过来，然后握住它。因为按照握手礼仪，先主动伸出手的应是主人、长辈。

② 握手时双眼要直视对方，面带微笑，同时保证你的整个手臂呈L形（90°），有力地摇两下（不要太使劲摇晃），随后把手自然放下。

③ 握手时要确保手心是干燥温暖的。一只湿乎乎、冷冰冰的手不仅会引起对方的反感，还会让对方觉察到你过度紧张的情绪。

另外，最好不要用两只手同时去跟面试官握手，这是一种不专业的握手方式。

### （二）面试中的礼仪

1. 坐姿

在面试官没有招呼你坐下之前，绝对不可以擅自坐下。等听到"请坐"时，要回答"谢谢"后方可坐下。入座后，不要坐满整个椅子，这样会显得太放松随意、漫不经心；也不要只坐椅子的边，这样显得你紧张拘谨、如坐针毡。最佳的方式是坐满椅子的2/3，上身自然挺直，略向前倾，双膝并拢，双手自然置于其上；切忌抖腿、跷二郎腿。若坐下时需要挪动椅子，一定要把椅子抬起来，轻拿轻放，千万不要拖动椅子以致其发出刺耳的噪声。

2. 举止

面试时，要注意你的举手投足。入座后，双手要摆姿势时，想象有一个和肩膀同宽的盒子放在自己的下巴和腰之间，将所有的手部动作都控制在这个范围内。不能将手臂交叉于胸前，不可挤响手指关节，不要拍手掌、玩手指，不能有挠头、摸耳、转笔、搓衣角、抖腿、看手表等小动作。女士更不能在说话时掩口，这会让面试官认为你的回答另有隐情。这些动作对于求职者来说，多是无意识的，但会给面试官留下不好的印象。

3. 眼神

眼神可以传达一个人的自信，也可以表达出对对方的尊重。

在面试中，要重视眼神的运用。

首先是视线的方向，要正视对方。表达对面试官的尊重，并不是直勾勾地盯着对方，而应把目光集中在对方眼睛和鼻子之间的三角形区域内移动，这样会让对方既感受到重视又不会觉得你无礼。如果有其他面试官在场，说话时眼神也要照顾到他们，以示尊重。

其次是控制好注视的时间。在留意倾听问题或回答时，可将坚定的、自信的目光停留在问话人脸上5~7秒。要避免长时间凝视，否则易给人以无礼或呆板之感。也不要躲闪或回避面试官的眼神，以给人不自信的印象。也不要左顾右盼、东张西望，显得对所谈问题缺乏兴趣。更不要瞪视、斜视或眯着眼睛看面试官，这都是不礼貌的眼神。

4. 微笑

微笑是最美的语言。面试中保持自然的微笑，不仅能够消除紧张，展示你的自信、提升你的外部形象，还会增进沟通，拉近你和面试官的距离。（如图10-1）

5. 聆听

想要给面试官留下好的印象，一定要认真聆听面试官的谈话，并适时以"是""对""我

**图10-1 微笑是最美的语言**

想是的"等作为回应。聆听是一种礼貌的表现,会让对方感觉到你对他的尊重和对谈话内容的重视。随意打断别人的说话或者抢着发言会令面试官觉得你不尊重他,从而对你留下无礼、急躁、轻浮,甚至缺乏教养的坏印象;而对于求职者来说,没有听完面试官的话或者没听清楚就回答,容易答偏、答错。

6. 谈吐

面试应答时要表现得从容镇定,不慌不忙,温文尔雅,有问必答。问而不答、毫无反应是很失礼的,虽然有时在应答中难免会碰到一时答不出的问题,但切忌一言不发,可以用几句话先缓冲一下:"这个问题我过去从没有认真思考过。从刚才的情况看,我认为……"这时脑子里就要迅速归纳出几条"我想"了,要是还得不出答案,就先说你所能知道的,然后坦率承认,有的东西你还没有经过认真考虑,切勿信口开河、夸夸其谈。文不对题、话不及义,会给人以一种无内涵的感觉。面试官考你的并不一定只是问题的本身,如果你能从容地谈出自己的想法,虽然答案欠完整、很不成熟,但也不致对全局产生不良影响。

求职者除了回答面试官的提问,有时为了及时了解有关情况,还应学会适时提问或询问。时间一般在面试基本结束时,问题要提得委婉得体,不唐突、不莽撞,不要引起面试官的反感。有时,面试官也会主动提问:"你有什么问题想问吗?"当遇到这样的问题,最不好的回答是:"我没有问题了。"你应该抓住时机,弄清自己还未弄清的问题,如"您能否介绍一下这个职位的工作范围?""能否请您谈谈公司未来几年有什么发展计划?"等这类问题,显示出你对新工作的重视与关心。提问时切记,不要问一些太注重个人利益的问题,如"请问一星期休息多少天?""是否有出国深造的机会?""能解决住房吗?""能否让我攻读硕士?"等。提问也有一个技术技巧的问题。提得好,会增加面试官对你的好感;提得不好,会让面试官觉得你太幼稚可笑,不但不能增加好感,有时甚至会令面试官产生反感。

(三)面试结束时的礼仪

1. 察言观色,掌握面试收尾时间的"火候"

谁也没有给面试规定时间,但是应聘者心中必须牢记:面试是有限定的谈话,不可久留。

有些求职者为了最大限度地展示自己的优点,往往会在有限的时间内做口若悬河的演说,超出了面试规定时间而不自知。而这样会令面试官非常疲惫,因而不断做出看手表、变换姿势等动作。虽然面试的各个进程由面试官控制,但面试的每个阶段都有内容上的侧重,面试官的行为也会有一些微妙的变化,求职者要善于察言观色,领会面试官的无声语言,判断面试的进程,适时提出收尾,或留出时机让面试官从容收尾。

实践证明,成功的面试应有适当的节制,时间长了对应聘者不利。适时告辞,留下一段美好的回忆让面试考官品味,比拖延时间的疲劳战术要高明得多。

### 2. 面试结束时要有礼貌

面试官示意面试结束时，应微笑、起立、握手道别，说"非常感谢给我的这次面试机会。我就静候佳音了""非常感谢，如果能够有幸进入贵单位服务，我必定全力以赴"之类的感谢话，并拿好自己的随身物品，走到门旁先打开门，转过身来有礼貌地鞠躬行礼，再次表示感谢和道别后，转身轻轻退出房间，再轻轻将门关上。如果有人送别，请对方留步。

### 3. 离开考场不忘风度

走出面试房间后，在走廊及用人单位的其他场所，仍要保持安静、礼貌。切莫和人讲述面试过程，也不能马上打电话。不要兴高采烈地大声叫嚷，也不能无精打采地离去。遇到工作人员或接待人员，要主动点头致谢，并道别。

### 4. 面试后不忘感谢

不要把面试结束当作是求职的结束。面试后用书信、邮件或电话方式表达谢意，这费不了多少工夫，但很多人都意识不到这一点，也许机会便是这样错失了。因此，要把面试后表达谢意当成是面试礼仪不可或缺的一部分而加以重视起来。应聘归来后，最好在24小时内发出感谢的书信或邮件，内容要简明，如果是书信，最好不要超过一页，信纸的质地要好，字迹要清楚，布局要美观，语言要得体。开头部分要提及你的姓名及简单情况，然后提及面试时间，并对面试官表示感谢。中间部分要重申你对该单位、该职位的兴趣，重申希望在该单位工作的原因和热忱，表明你能够胜任，也要谈到你在面试中的感受和收获。结尾部分可以表达你的信心或者愿意为该单位效劳的意愿。相信这样一封情真意切、文辞优美的答谢信能够助你更加心遂所愿。

应当说，面试礼仪远不止这些，有些用人单位甚至故意安排一些"陷阱"，以考核求职者在自然状态下的素质和修养。因此，求职者要把进入用人单位的第一步当作是面试的开始，一言一行都要慎之又慎。当然，要具备良好的礼仪，更需要求职者在平时就养成良好的习惯，做一个生活的有心人。

【拓展训练】

**案例分析一：**

面试那天，李思睿提前十分钟到达了面试公司，在前台的指引下来到会议室暂时等待，看到其他不认识的应聘者，李思睿习惯性地坐到一个角落，自顾自地玩起手机。等到有人喊到她的名字时，李思睿推开面试间的门，不等面试官说话就一屁股坐到他的对面，随手将携带的包放到桌上。面试结束后，李思睿起身推开椅子，拿起包就头也不回地离开了面试室和应聘单位。李思睿还感觉不错，觉得面试官提的问题她都能回答，那家公司十有八九会录用她。

分析本案例中李思睿行为的不妥之处并提出改进建议。

**案例分析二：**

面试结束了，张筱佳在忐忑不安地等待面试结果，按捺不住迫切的心情在第二天（周五）的下午打通了招聘单位的电话，在简单的问好和表示谢意后，张筱佳忍不住问起面试的结果，对方说："我们还要商量一下，等结果出来再回复你，可以吗？"张筱佳不甘心，继续问起工资待遇、年假及周末休息、五险一金的缴纳比例、加班费等问题。六七分钟后，对方说："不好意思，我现在有紧急事情要处理，稍后再联系你。"张筱佳再打电话过去，对方总是处于忙音。张筱佳心中不悦，觉得该公司人员没有礼貌。

分析本案例中张筱佳行为的不妥之处并提出改进建议。

## 第三节 公司礼仪

### 一、办公室个人空间礼仪

#### （一）保持个人空间的良好形象

让你的个人空间给人留下好的印象。每天要保持整洁有序。办公室是办公的地方，也是容易弄脏的地方。随时检查一下办公环境是否整洁，桌子上是否堆满了文件和杂物。要将各种文件或材料按照日期或根据内容装订起来放到抽屉里或资料柜中，桌子上摆放的东西越少越好；抽屉里的东西也要摆放整齐，以方便拿取。私人的物品和其他杂物可以放到自己的柜子里。

办公室的装饰也要符合自己和公司的特色。作为工作的场所，人们喜欢将办公室装点一下，以使它能反映自己的兴趣爱好或生活情趣，但是要注意它们的隐含意义，不要将有损于自己公司形象的装饰品如带有性别歧视的图画放在办公室，这样不但没有达到装饰的效果，反而会起负面作用。

#### （二）办公桌上用餐礼仪

如今，尽管许多公司允许员工在办公桌上吃午餐，在办公室里用餐轻松自在，但有时要考虑其他人的感受，应注意以下几个事项。

① 不要在午餐时忙着工作，尤其是边吃东西边工作，因为嘴里嚼着东西说话是不礼貌的。另外，让别人看着自己在办公室忙着吃饭的样子也不太好。

② 要注意吃完午餐后的卫生清理工作。桌面宜擦拭干净，若将不要的剩饭剩菜继续放在办公桌上，既不雅观也不好闻，所以要将餐具收拾好，如果使用自带饭盆则要洗干净，千万别放到办公桌上，以免影响办公环境。

③ 在办公室里用餐时要注意自己的吃相。

④ 尽量不要在同事吃饭时打扰他们。

⑤ 尽量少吃发出很大声音的食物，像爆米花之类的食品；少吃那些会发出强烈刺激性味道的食物，如蒜、大葱等。

### （三）办公室谈话应注意事项

1. 不要谈论薪水问题

同工不同酬是老板常用的手段，但这种手段如果用不好，就容易引发员工之间的矛盾，而且最终矛头会直指老板，这当然是老板所不想见的，所以发薪时老板有意单线联系员工，不公开薪酬数额，并叮嘱员工不让他人知道。如果你碰上喜欢打听薪水的同事，最好早做打算，当他把话题往工资上引时，你要尽早打断他，说公司有纪律不谈薪水；如果他语速很快，没等你拦住就把话都说了，也不要紧，用外交辞令冷处理："对不起，我不想谈这个问题。"这样他就不会有下次了。

2. 不要谈论私人生活问题

千万别在办公室聊私人的问题，也别议论公司里的是非长短。你以为议论别人没关系，用不了几个来回就能绕到你自己身上，引火烧身，那时再逃跑就显得很被动。办公室里聊天，说起来不看对象，只图痛快，可事后往往懊悔不已。可惜说出口的话如同泼出去的水，再也收不回来了。

把同事当知己的害处很多，职场是竞技场，每个人都可能成为你的对手，即便是以前合作很好的搭档，也可能突然变脸，你暴露得越多，便越容易被击中。

3. 不要讲野心勃勃的话

野心人人都有，但是职位往往有限。你公开自己的进取心，就等于公开向公司里的同僚挑战。僧多粥少，树大招风，何苦被人处处提防，被同事或上司看成是威胁？做人要低姿态一点，这是自我保护的好方法。

在办公室里大谈人生理想显然滑稽，打工就安心打工，有雄心壮志则回去和家人、朋友说。你的价值体现在做多少事上，在该表现时表现、不该表现时就算韬光养晦一点儿也没什么不好，能人"能"在做大事上，而不在说大话上。

4. 不要涉及家庭财产之类的话题

无论露富还是哭穷，在办公室里都显得做作，与其讨人嫌，不如知趣一点，不该说的话不说。就算你刚刚新买了别墅或利用假期去欧洲玩了一趟，也没必要拿到办公室来炫耀——有些快乐，分享的圈子越小越好。被别人妒忌的滋味并不好受，因为容易招人算计。

## 二、办公室公共区间礼仪

### （一）电梯间、楼梯礼仪

进电梯时，如果是有专人控制的电梯，当等候的人中有客人或有残疾人时，应让他们先进，而自己不要抢着进。伴随客人或领导来到电梯门前时，先按电梯按钮；等梯门打开时，可先行进入电梯，一手按开门按钮，另一手按住电梯侧门，请客人或领导先进；进入电梯后，按下客人或领导要去的楼层按钮。

进电梯后，如果是无人控制电梯，应该为你后面的人按住开门按钮或扶着门。如果有人为你扶门，要说"谢谢"。进电梯后，如果你后下，则站在靠后一点的地方比较合适；先上的人可靠边站在电梯门的两侧，最后上的人站在中间。

出电梯时，带有客人时，到达目的楼层，一手按住开门按钮，另一手做出请出的动作，可以说："到了，您先请。"客人走出电梯后，自己飞快步出电梯，并热诚地为其引导行进的方向。

走楼梯时，主人应走在前面，以便主人到达目的地后迎接引导客人。

在拥挤的楼梯上，跟随着人流，不论是上楼还是下楼，一般都应靠右侧走。

走楼梯时往往不便交谈，最好等到达目的地后再谈，这样可以避免他人因不便交谈而感到尴尬。

（二）洗手间礼仪

在洗手间遇到同事不要刻意回避，尽量先和对方搭话。千万不要装作没看见对方而把头低下，给人留下不爱理人的印象。

要保持洗手间清洁，马桶或小便池用后要冲水，要将马桶垫圈放下来，并保持垫圈表面清洁，用后把干净的卫生纸放回原处；将用过的卫生纸扔入垃圾桶里。从洗手间出来不要忘了洗手。

在洗手间还要注意言谈礼仪。洗手间是公共空间，在卫生间里不要议论公事或议论别人。防止"隔墙有耳"，若被当事人或有关人员听到就会增添麻烦，严重者还面临泄密问题。

### 小贴士

**办公期间的禁忌**

1. 在办公的时候打扮自己。
2. 在办公室里随便抽烟，不顾他人的身体健康。
3. 随便借别人的东西而不归还。
4. 过分炫耀自己的功绩、经历等。
5. 乱扔垃圾，不注意办公室的整洁。
6. 在办公室的时候看小说等与工作无关的资料。

## 三、办公室同事关系礼仪

### (一) 与上级的关系

最基本观念：无论职务高低，人格上大家都是平等的。下级要尊重上级，但也要做到不卑不亢。

1. 服从上级安排

工作中，对于上级的决定如果有不同意见，可向上级委婉地提出。若上级的决定已不可更改，要服从上级的安排。

2. 注意与上级沟通

工作中要常与上级进行沟通，不失时机地与上级交换意见，让上级了解你的想法。只有经常与上级沟通，上级才会更深一步地了解你、重用你。

3. 体谅上级

学会换位思考。由于受到主观、客观条件的限制，上级在工作中难免会遇到各种困难，下属应体谅上级的难处。不能轻易因为某些要求未得到满足而对上级产生不满。当上级遇到困难，必要时主动运用自己的才智，为上级排忧解难。这样，既可以避免与上级产生矛盾，又能密切与上级的关系，进而获得上级的信任。

4. 要谦虚谨慎，尊重上级

工作中犯错误是难免的，上级也不例外。对于上级的缺点和错误，下级要公正对待。当发现上级的决策、意见确有失误，不应直接点破（尤其当着众人的面），而是用征询意见的方式向上级讲明其错误之处，并尽可能提供相关资料，使上级心悦诚服地采纳你的意见。这样，不仅不会影响上下级关系，还会使上级发现你的才能，有助于你的发展。

### (二) 与同事的关系

同事之间长时间相处，彼此关系是否融洽、和谐，不仅对工作环境有直接影响，而且对工作能否顺利进行影响也很大。与同事相处要注意以下几点。

1. 注意称呼

人与人之间直呼其名是最亲切、最随便的一种称呼，但只限于长者对年轻人或关系亲密的同事之间。年纪较小、职务较低的人对年纪较大、职务较高的人直呼其名是没礼貌的，可称"老李""老王"，或以职务相称；反之，年纪较大、职务较高的人常对年纪较轻、职务较低的人称呼姓名。

2. 尊重同事

尊重同事即尊重其人格。公务交往时，"您""请""劳驾""多谢"等礼貌用语要说不离口。不要轻易与长者、前辈或不太熟悉的同事开玩笑。切忌污言秽语，更不要讲低级庸俗的笑话（尤其在女同事面前）。话语中要避免涉及同事的隐私或短处。

尊重同事的人格，还包括尊重同事的物品。同事不在或未经允许的情况下，不要随便动用同事的物品。如果确属急用，最好让其他同事看到或留个便条致歉。

3. 与同事紧密合作

请求同事帮助时要委婉地提出，不能强求；对方请求帮助时，要尽最大努力予以帮助。对年长的同事要多学多问，对年轻的新人要多帮助、多鼓励。

4. 公平竞争

工作中存在竞争，是不争的事实。我们提倡在工作上多进行公平竞争，因为公平的竞争能够促进工作的开展。在物质利益和日常琐事中则要少竞争，更不可贬低同事以抬高自己，甚至踩着别人肩膀往上爬。

## 四、辞职礼仪

辞职是一种艺术，当你决定辞职时，不仅对你自己有影响，造成一定的辞职成本，还有可能对原公司造成一定的冲击，因此，一个成熟的职场中人，绝不能选择欺骗或逃避的方法来避免短暂的尴尬，因为这极有可能使你的长远的信誉受到影响。

出于礼仪方面的考虑，最好的做法如下：

第一步，直接跟主管提辞职，并且诚实地说明辞职原因。

第二步，你应该与主管讨论，什么时候让同事们知道，以及如何将工作合理移交。有的公司为便于工作，有严谨的代理人制度，交接过程会简单一些。如果没有这样的制度，那你在走人之前有五件事是非做不可的。

① 如果你想把属于自己的档案带走，交辞职信前就应该处理好。离开前匆匆忙忙地准备，难逃"瓜田李下"之嫌。

② 任何资料要想带走，先确认是否涉及知识产权问题，伤害原公司利益的事情不要做。

③ 接下来若是进入原公司的竞争公司，尽量少谈原公司的竞争策略与业务机密。谈论这些虽然可能会暂时性地讨得新主的欢心，甚至可能因此提高自己的薪酬与职位，但更有可能会因此而落个背叛与出卖的恶名。

④ 避免以负面方式谈论原公司，这会影响你在行业内的声誉。

⑤ 不要积极挖原公司的人进新公司，否则新公司虽然短期获益，却会令新公司对你渐生防范之心，怕你今后再度离职时再挖墙脚。

所以，纵使你对公司强烈不满，离职时也要低调。因为外人很难弄清楚你与原公司之间到底发生了什么，不免让人质疑你的情商和为人处世的方法。既然想辞旧迎新，不妨调整心态，一切向前看，这样，你才能在新的工作环境里有更好的发展。

社交礼仪

【拓展训练】

**案例分析一：**

新入职的李丽萍要到复印室复印一叠资料，前面有个同事即将复印完，在马上轮到李丽萍复印时，财务处的小王拿了两页资料走进来，李丽萍马上对小王说："先来后到，你等我用完再用。"小王嘴上没说什么，面有不悦地离开了。李丽萍开始复印资料。进行到一半时，忽然复印机停住了，李丽萍边呼"倒霉"边用手敲打复印机，看到复印机一点儿反应都没有，她没有了耐心，想到反正这份资料也不急着要用，等明天再来复印也不迟，就离开了复印室。

分析李丽萍举止的不妥之处并提出改进建议。

**案例分析二：**

武丽洁应聘到公司上班，担任秘书。她还保留着很多小女生情怀，比如喜欢把自己的办公桌装扮得很温馨，摆上自己的写真照片、粉色的大 KITTY 猫、可爱的小花盆，甚至连笔筒和笔等都是卡通造型。抽屉里各种混乱堆放的文件实在让人看得头疼，领导要一份文件，她经常要乱翻半天。各种零食塞满了武丽洁办公桌的角落，她基本上零食不离口，桌上随时都可以看到喝到一半的各种饮料，而且她尤其喜欢嗑瓜子。电脑里一直播放着她喜欢的音乐。一旦没有领导交代的任务，武丽洁就沉溺在网购和与网友的热聊中，领导和同事跟她谈工作上的事，她也是坐在原位，一手托腮，一边瞪着大眼睛无辜地看着对方。一接电话就咯咯咯地与对方谈笑风生。隔壁的同事讨论问题时，她还时不时地插几句话。结果，实习期还没过，单位人事处的负责人就找武丽洁谈话了。她委屈得不行，不明白自己到底有什么地方做得不对。

请分析武丽洁有哪些地方犯了错误以及她该如何改进。

**案例分析三：**

周六晚上 8 点，张敏接到经理电话，要她帮他订一张下周一上午从上海飞往深圳的机票。张敏正在与朋友逛街，接到这个临时电话后老大不高兴，向朋友抱怨经理在非工作时间还安排任务，真是太不近人情了，想着等逛完街回家再订票应该不晚，就暂时把订票的事抛诸脑后，继续高高兴兴地逛街。等张敏提着逛街的胜利品回到家，已经是晚上 10 点了，张敏这才开始订票，她发现下周一上午从上海飞往深圳的机票就剩贵宾舱了，而下午 1 点以后的经济舱有十几张票，张敏想就差两三个小时，价格却相差很多，干脆为公司节省点儿吧，没准儿经理还会夸她为公司着想。她一看表，都 10 点多了，经理应该休息了，不要打扰他了，就自作主张地订了下周一下午 1 点经济舱的机票。当晚 12 点，张敏刚睡着就被经理的电话吵醒了，经理问订票的结果，张敏如实汇报了，结果经理在电话那头勃然大怒："谁给你权力决定的？你干吗不打电话问问我？我要赶

152

过去参加下午1点的重要会议，你说现在怎么办？"张敏不知道怎么回答。等经理怒气冲冲挂掉电话后，张敏一夜辗转反侧，不知怎么办。

请分析张敏的不妥之处并提出改进意见。

## 思 考 题

1. 求职前应有怎样的心理准备？
2. 简历有何礼仪要求？
3. 办公室区间应注意哪些礼仪？